U0077742

天下文化

BELIEVE IN READING

科學文化 126A

The Social Atom

Why the Rich Get Richer, Cheaters Get Caught, and Your Neighbor Usually Looks Like You

隱藏的邏輯

掌握群眾行為的不敗公式

全新改版

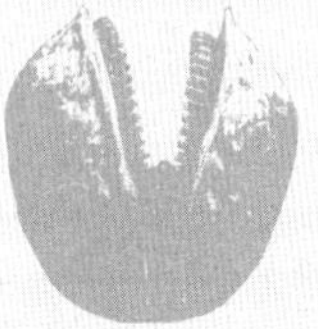

布侃南 Mark Buchanan 著
葉偉文 譯

隱藏的邏輯

掌握群眾行為的不敗公式

目錄

The Social Atom

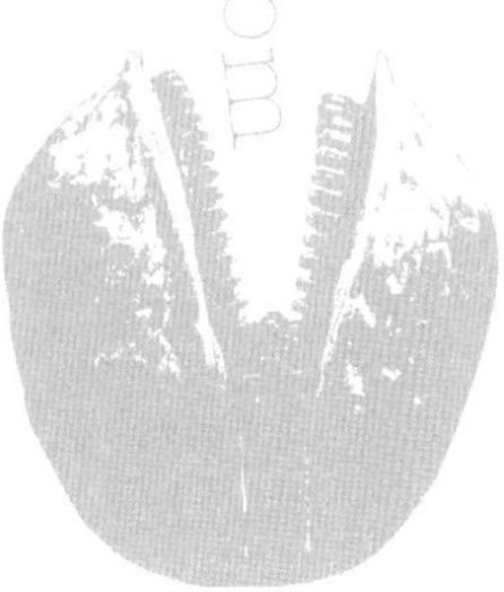

鑽石之所以亮晶晶，並不是組成鑽石的碳原子都亮晶晶的，而是因為碳原子的特殊排列方式。個體單元並不重要，重要的是結構模式。人也一樣。

前言　找出隱藏的邏輯

一九七〇年代早期，絕大部分的人似乎都相信，社會上種族隔離的現象，和種族歧視大有關係。在美國的很多大城市，如紐約、芝加哥等，黑人大多聚居於城市中心，過著極度貧窮的生活；白人則住在相對較為富裕的郊區。

研究發現，在商業領域、僱傭、待遇及升遷上，普遍存在著種族偏見，房地產業更是想盡辦法，不讓黑人住進白人的住宅區。種族歧視和隔離現象的關連性，似乎顯而易見。儘管如此，馬里蘭大學的經濟學家謝林（Thomas Schelling）卻懷疑，種族隔離現象也許和種族歧視沒什麼關係，可能大家都忽略掉另一個比較不明顯、卻更重要的因素。

謝林設計了一套很特別的方法來探索自己的想法。他利用西洋棋盤和兩種不同的硬幣，西洋棋盤的方格代表房子，硬幣代表人，深色的硬幣是黑人，淺色的是白人。首先，他在棋盤上放置一樣多的深淺硬幣，然後將硬幣隨機混合，代表整個社會。接下來，他設立一些簡單的規則，來移動硬幣，他要看看硬幣的分布狀態是否會隨著時間發生變化，而有哪些假設會影響人的移動。

在第一個實驗裡，謝林假設每個人都有強烈的種族歧視，只要周圍有一個非我族類，就立刻搬家。他利用這個規則，逐一檢視每一枚硬幣，看看是留在原地不動，還是會搬到附近空著的方格。果然，他發現很快就出現種族隔離的現象，同類的硬幣聚集在一起。種族歧視會引發種族隔離——這是必然的。

但是如果我們反過來問，種族隔離一定是種族歧視造成的嗎？這就是另外一回事了。為了回答這個問題，謝林又設計出第二個實驗。這次他退一步假設，每個人都不在意和什麼種族的人為鄰，只要自己不是極少數民族就行了。

謝林考慮的，是人性中的真實面；一個白人可以有黑人的朋友和同事，也不介意住在黑人居多的社區，但心理上，他還是不喜歡變成整個社區裡的「唯一」白人。這並不是我們通常所說的種族歧視心態。謝林假設，所有的人都會維持不移動，除非他們察覺到自己左鄰右舍的同一族群少於某個比例，譬如說百分之三十。

你可能會預期，因為每個人都樂於族群大融合，所以會維持實驗開始時的分布狀態。不過，謝林得到的結果會出乎你意料之外：硬幣最終還是隔離成壁壘分明。次頁的圖一是這個實驗的現代電腦版本，你可以看出原先均勻混合的分布，如何自然變成彼此隔離的分布，雖然沒有哪個人想造成這種結果。

人們不想成為社區裡的少數份子，結果反而完全破壞了社區的混合狀態，這說來還真弔詭。在一九七一年，謝林發表了一小篇論文，指出下面這個很詭異的結論——**即使人們心中完全沒有種族歧視，種族隔離的現象仍舊存在**，就像油和水不會混合一樣，受到某種類似物理定律的規範。[1]

謝林設計的種族隔離遊戲，是社會科學的空前經典。顯然，在把種族隔離現象歸咎於種

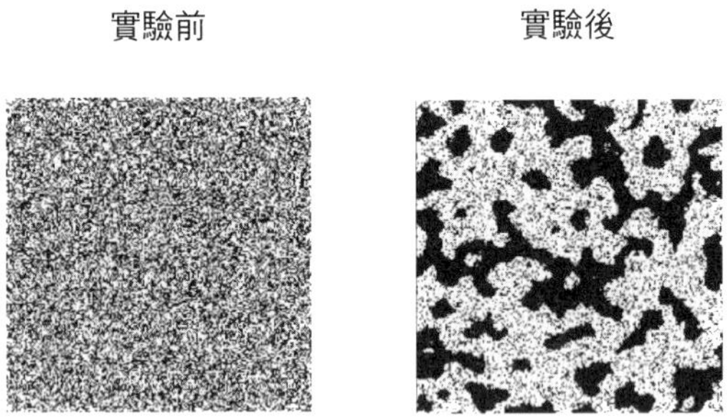

圖一

族歧視之前，最好先想想是否有其他的原因。

這個實驗也傳達出一個更普遍的訊息。

我們通常認為，一個團體或一群人的行為，應該直接反映出構成此團體的個人特質；如果發生暴動，一群人上街砸店燒車，我們通常會認為這是團體成員的怒氣發洩，進而尋找他們生氣的原因。但若根據謝林的實驗推論，這種想法很可能是誤導，至少有些社會事件的結果，和每個人的渴望或動機、習性或態度，並沒有什麼明顯的關連。人類社會的運作方式，無法單憑我們的直覺去解釋。

不過，謝林的研究也提供了一項正面的訊息——要了解人類社會的行為，可能有一種更簡單、更直接的好辦法。不同於以往只從個人心理學方面下手，我們也許可以把人當成一個個遵守簡單法則的原子或分子來看待，然後設法找出這些引導群體行為的法則和模式。

謝林暗示，**表象複雜的社會行為，背後的起因可能很單純**，而經由各種測試，我們或許就能找出這些隱藏的邏輯，就像我們找出原子和分子遵守的物理定律一樣。本書探索的正是這種理念，以及它帶來的科學變革。

幾年前，我還在擔任《自然》期刊編輯的時候，就注意到有很多投稿的論文作者，很認真地在找尋和人類社會有關的數學規則。現在回想起來，我終於知道這是怎麼回事了。經過多年的漠視，研究人員終於開始認真對待謝林的思考方式了[2]。

在此同時，一種我稱之為「社會物理學」的現代研究工作，也開始蓬勃發展。我認為，現在我們正站在歷史上的重要時刻，將親眼目睹社會科學的劇烈革命，劇烈的程度有點像物理學上發生過的「量子革命」。

或許現在離發現人類社會的精確「定律」還很遙遠，但科學家已經發現，人類的社會行為裡有類似定律般的規律，而且這些規律和所謂的個人自由意志並不牴觸；**我們仍是完全自由的個體，可以隨意採取行動，但集合在一起之後的群體行為，卻是可以預測的**。這有點類似物理現象中的情形：雖然在原子的尺度上是一團混沌，但在熱力學或行星運動上的表現，卻非常精確。

一些偉大的哲學家或社會理論學家經常會問：「如果……會怎樣？」——如果每個人既貪婪又自私，會有什麼後果？社會能不能照常運作？或者最後會整個瓦解掉？如果每個人在做任何決定的時候，都只一味模仿別人而不做自我判斷，會有什麼結果？會使社會結構發生什麼變化？

可惜這些思索絕大部分都徒勞無功，因為牽涉其中的人數增加到十個、一百個之後，因果關係迅速交織成龐大的網，問題的複雜程度就不再是人腦能處理得了的。今日的科學家已經學會利用資訊科技，借助「虛擬」的社會科學實驗，尋求「如果……會怎樣」這類問題的答案，以此來探索最基本的社會現象。

我在這裡想舉一些例子，是最近社會物理學領域內令人非常興奮的一些發現。我並不想假裝說這些發現已達完成的階段，只是想用來說明，為什麼我認為它是一種極為重要的思考方式。

我深深覺得，了解群體行為的發生機制以及演進法則，是我們這個時代最關鍵的挑戰。從全球暖化、環境惡化，到重申禁止核武擴散，人類正面臨空前的嚴重問題，而這些問題的主軸，就是我們無法掌握群體的社會行為。當然，我也並不期待社會物理學有什麼偉大的發現，能把這些問題全都解決掉。

如果我們真的想為人類社會和我們的世界，闢出一條安全的前進道路，我認為它會像前人的腳步一樣，是一邊摸索一邊前進的。但如果我們能認識到那些影響群體行為的潛在因素，我們摸索前進的技巧將會大幅提升。

1. 重要的是模式，不是人

嘲笑對於進步的期望，是最愚昧的，
只凸顯了精神的貧乏與心靈的無知。

——梅達華（Peter Medawar, 1915-1987），一九六〇年諾貝爾生理醫學獎得主

一九九二年夏天，《華盛頓郵報》記者麥斯（Peter Maass）在克羅埃西亞，達爾馬提亞海岸斯普利特市的一間小體育館，採訪波士尼亞內戰的難民。他們訴說自己親眼見證了，一個平日溫文儒雅的人，如何在一夜之間變成殺人不眨眼的暴徒。

一位名叫亞登的農夫控訴，從鄰村來的塞爾維亞人，把三十五個村民集中起來，全部殺害。「……那些塞爾維亞人都是他們的朋友，去年秋天還一起收割莊稼，從小一起長大，一起探險，分享彼此的祕密，夏天時一起光著屁股在德里維河游泳，晚上一起和村裡的女孩子

約會、玩耍。但忽然間，完全沒有任何理由，卻變成一群冷血的凶神惡煞。」1

從一九九〇年代初到中期，有成千上萬類似亞登的人，來自克羅埃西亞、波士尼亞和科索沃，訴說著同樣的故事，訴說著鄰居和鄰居或朋友和朋友之間，如何忽然翻臉成仇、互相殘殺。

戰後，有官員訪問一個來自弗科瓦的人（弗科瓦是克羅埃西亞的另一個城鎮）。他回憶起自己那些塞爾維亞和波士尼亞籍的鄰居。「我們以前都是好朋友，分享快樂與悲傷。」但從一九九一年以來，仇恨開始瀰漫。以前鄰居們碰面，總是互相問候，後來卻變成在展現民族認同與宣示效忠，簡單地說，就是分辨敵我。「你想向昨天還是好朋友的鄰居尋求庇護，但沒有人敢承認是你的朋友。」

這類事件的確很恐怖，也很難堪，可惜在人類的歷史上，都是很常見的，而且似乎處處可見。原先很平穩的狀態一夕之間瓦解，人變得不可預知，被一些事件逼得要採取他以前從來沒有想過的方法去因應，好像有一股神祕的力量，忽然就接管了大部分人的行為。沒有任何人能意圖改變或置身事外，全給捲入狂潮中被推著走。

反納粹的德國作家哈夫納（Sebastian Haffner），在回憶錄《一個德國人的故事》裡，回憶自己如何被迫參加納粹的部分活動。

一九三〇年代中期，納粹的勢力正盛，當穿著棕色襯衫的納粹黨人在街上遊行的時候，旁觀民眾若不跟著喊口號，就會被揍。哈夫納對這種事很反感，總是立刻閃進屋內。但是當他和一些法律系的學生，奉派參加納粹的訓練營時，他發現自己也穿上棕色的襯衫，也參加同樣的遊行。他在書裡寫著：「公開反對他們，無異自殺。」而受壓迫的人，不知不覺成為壓迫別人的人：

在我們穿過村莊的時候，道路兩旁的人都舉起手臂向我們的旗幟致敬，或者迅速進入屋內。大家會這樣做，是因為知道如果不配合的話，一定會挨揍。我知道自己和參加遊行的人完全一樣，如果不是走在隊伍裡，我一定會立刻找個通道閃避，而我們自己現在卻是潛在的威脅，隨時可能對旁觀者施暴，他們因為怕我們，或者說怕我，所以只好向旗子致敬或逃離現場。[2]

是什麼原因，使本來完全正常的人，輕易地就陷入群體瘋狂狀態？我們以「瘋狂狀態」來形容這類的事件，是不是恰當？比如波士尼亞內戰，德國納粹運動，或者是一九九四年在盧安達發生的，統制階級的胡圖族民兵，在不到一百天屠殺了超過九十萬的圖西族人。我們能把這些事件，單純視為一種心理學上的狂妄行為，或者人性在道德上的弱點嗎？或者有個比較沒那麼神祕、卻更令人震驚的原因？

一九七四年，印度人口高達五億人，甘地夫人領導下的印度政府，決定要採取非常手段來控制人口。當時的衛生部長說：「我們已經用盡了書上所有的辦法，現在是使出最後絕招的時候了。」

他宣布在全國各地廣設「生育控制小組」，並且頒布新的法令：任何有三個以上小孩的男性，都要向生育控制小組報到，接受結紮手術；不肯接受結紮的人會被拘提，並強制結紮。另外，做為配套手段，警方還可以扣留食物配給卡、醫療補助和駕照。甚至在某個村莊，還曾有當事人的太太早已不具生育能力，但生育控制小組為了強制他結紮，竟威脅要放火燒掉他的小店。單單在一年之內，接受結紮的人就超過八百萬人。

很快的，印度人就覺得甘地政府在與全民為敵，逼迫每個人違反自己的習慣與信仰，當然也不符他們的期望。在激烈的反對之下，政府不得不放棄極端的生育控制計畫，印度人口又恢復上升的態勢，直到今天仍繼續上升。但有個例外，就是在南端的喀拉拉省，這可說是印度社會學上的奇蹟。沒有任何高壓或不人道的手段，也沒有太多的宣傳，喀拉拉省做到其他印度省分做不到的事。

喀拉拉是個農業省，居民大半以種植稻米、茶葉和香料為生，一般人民並不富裕，只擁有幾樣烹飪器皿和工具，所得只有美國人平均的七十分之一，不過他們的平均壽命是七十二歲，和美國人的七十七歲相差無幾。在印度的其他地區，人口數目一直膨脹，在這裡卻保持平穩。至於其他的社經條件，喀拉拉和印度的其他省分差不多，既不富裕，土地也沒有比較好。它的表現怎麼會如此與眾不同？

喀拉拉省唯一和別的地方不同的是——教育。你或許以為是與生育控制或家庭計畫有關的教育，錯了，其實就只是在閱讀、寫字和算術方面的一般教育，特別是婦女教育。

一九八〇年代末，喀拉拉省政府在一些志工團體的協助下，決定大力掃除文盲。幾萬名志工在全省各地普查，設法追蹤十五萬名文盲，其中有三分之二是婦女，接著，政府組織起一小隊的志願教師，給這些民眾基礎教育。識字運動的一位領導人士告訴《紐約時報》的記者說：「我們到處開班，像是牛棚、曠野或是庭院中，都可以開班。」

三年後，在一九九一年，聯合國聲稱印度喀拉拉省是全世界唯一百分之百識字的地區。這項傑出的成就，對人口成長的控制似乎有非常深遠的影響。

正如一九九九年，一位印度家庭計畫的專家提到的：「現在，大家會不好意思說出自己有超過兩個孩子……在七、八年前，每個家庭的平均子女數還是三名，那時候我們以為這樣的成績還不錯。但現在，每個家庭的平均子女數是二名，而受過高等教育的家庭，平均只有一個孩子。」

經濟學家和社會學者現在都同意，在喀拉拉省，**婦女教育是射穿人口增加這個大氣球的神奇子彈**。這顆氣球已經持續上升了幾千年，現在終於開始漏氣了。但怎麼會這樣呢？在生育控制、家庭計畫都束手無策，就連強制結紮也失敗的情況下，教育是怎麼成功的？為什麼使婦女能夠讀報紙、寫日記、數字算到一百以上或做三位數字的乘法運算，就會有這麼神奇的成果？

人潮和車潮的模式

本書的中心想法是，要想了解突然暴發的狂熱民族主義、婦女教育與生育控制之間的奇特關連、種族隔離現象，甚至是大家感興趣的金融市場、政治議題或流行趨勢——我們應該從「模式」的角度來思考，而不是從人的本身。

以前的想法是，社會問題非常複雜，因為人是很複雜的動物，因此，很多人認為不可能藉著某些理論來了解人類社會，就像我們用可靠的理論去解釋物理和化學現象那樣；畢竟原子是很單純的，而人就不一樣了。我希望能說明，為什麼上述想法是錯誤的。雖然人很複雜、很難了解，但這並不是問題的癥結。

任何有駕駛經驗的人，都碰過在高速公路上毫無理由的塞車情況。你跟著前面的小烏龜，在車陣裡慢慢爬行了三十分鐘，拚命睜大眼睛想看看到底發生了什麼事，但一路上完全沒有交通事故的跡象，沒有車拋錨，也沒有道路養護施工。沒多久，擁擠的狀況忽然就消失了，車子又恢復原先的速度。

英美交通專家稱這種現象為「幽靈塞車」；若道路上車輛過多，往往會自然發生，這是一種和車多有關的基本「模式」。汽車駕駛人通常只能針對他附近的情況，迅速做出反應，路上的車子越來越多，車子之間的距離越來越短時，終會到達一個臨界點，使我們的反射行為再也無法處理，這時候，有任何一輛車踩了煞車慢下來，會連帶使更多的車子同時慢下來，慢下來的車子就更多，形成一排慢速前進的車陣，交通壅塞就自然而然地發生了。

在大型活動的場合中，你也會看到非常相似的情況。如果仔細觀察人們如何穿過擠滿人群的廣場，你會發現這當中沒有什麼個人的行動，只有移動的模式。每個人為了設法不要撞到別人，只能跟著前面的人走，而前面的人也是跟著他（她）前面的人。這些移動的人就自動形成一條連續前進的動線。

在你的前後左右，大家的移動方向都和你一樣，但離你一段距離之外，人群移動的方向可能就不一樣了。當然，大家都情願隨著人群移動的方向移動。在人群裡，往不同方向移動將費力得多；因為有這種優勢，任何移動的人群動線會吸引更多人的加入，使這個移動的人潮更為壯大，進而吸引更多的人。這種模式限制了個人的選擇，使得裡面的個體採取更能增強模式的行動，也進一步推升模式的能量和影響力。

這些例子，都以很簡單的方式，說明了個人的慾望和表現出來的社會行為之間，有奇特而迂迴的關連。沒有人喜歡塞車，但是幽靈塞車卻每天在世界各地上演，沒有人能指出到底是哪位駕駛的舉動引發了交通壅塞。同樣的，群眾裡沒有哪個人的移動，創造了人潮的移動方向，或是決定了大家該往哪個方向走。**模式是從騷動和混亂當中自然發生的，發生之後會自行獲得該有的能量和力道。**

在二〇〇四年，美國媒體上出現一系列照片，揭發美軍在巴格達的阿布格雷監獄虐待伊拉克囚犯的劣行，舉國譁然。這些來自全美國各地，受過良好教育的正常男男女女，怎麼會以不人道的方式對待手無寸鐵的囚犯，還以此為樂？不過，要找出問題的癥結並不是那麼難——與此息息相關的是不良的模式，而不是行為不良的人。

三十年前，史丹福大學的心理學家辛巴多（Philip Zimbardo）和他的同事，曾利用一群正常的大學生進行一項實驗。他把心理學系館的地下室布置成類似監獄的環境，然後把學生放進去，有些學生扮獄卒，有些學生扮囚犯。

研究人員讓學生換掉平日穿著的衣物，分別換上制服和有編號的囚服，扮獄卒的同學還戴上墨鏡，並封上「教化官」之類的封號。這些心理學家的目的是排除學生們的個體性，然後看看人的行為會如何發展下去。底下那一段，是辛巴多的描述：

日子一天天過去，雙方之間的敵意越來越高，犯人的處境也越來越糟。不到三十六小時，第一位犯人出現精神崩潰的現象，一直哭鬧尖叫，做出許多非理性的行為，我們只好把他放出來。

之後的每一天，我們都必須放出一位出現極度壓力反應的犯人。本來實驗是預備進行兩週的，但六天之後，局面已經失去控制，實驗不得不草草結束。我們挑選參加實驗的學生，原本都是正常而健康的，但最後都崩潰了。原先反戰的那些學生，也變得很殘忍，以虐待囚犯為樂。

辛巴多最近也發表評論，認為巴格達監獄裡發生的事件，正是遵循相同的模式；整件事的起因與個人關係不大，而是與他們所處的情境大有關係[3]。從很多照片裡可以看到，這些士兵並沒有穿軍服；從心理學來看，他們已經「去個人化」，變成匿名的「獄卒」。

此外，囚犯被貼上「恐怖份子」或「政治犯」之類的不人道標籤，等於是把他們歸為次等而無用的。到了晚上，沒有足夠的監督，又沒有明確的責任歸屬，大家就拿犯人來取樂了。這並不必然造成了虐囚事件，但確實助長了惡性循環的條件。越多士兵虐囚，大家就越不把囚犯當人看，甚至覺得他們豬狗不如。

現在，我們回過頭看前南斯拉夫境內發生的事，以及印度喀拉拉省人口控制的成功例子。如果考慮模式，而不只是考慮人，你就會發現這一類的事件並不那麼令人費解。種族仇恨與不信任，是會自我回饋的（我們稍後還會詳細說明）。看來，在人類原始的社會與經濟條件下，互助合作的基本邏輯在某些情境中，反倒促使社群很有效率地產生出凝聚力，盲目不信任其他跟自己有（文化、宗教等等）差異的人，不管外界認為他們的做法多麼邪惡或具破壞力。我們稍後會看到，**簡單的數學分析指出，「我族中心主義」是一種很恐怖的模式，具有自我推進的能量，多數的個體都阻擋不了**。

再來看看喀拉拉省的教育功效。過去五十年間，西方國家的婦女普遍受教育，這些國家的出生率就開始逐漸下降。這個事件本身並沒有那麼神祕，因為受了教育的婦女，可以在家庭之外找到其他的興趣，也可以出外工作。

在喀拉拉的例子裡比較奇特的地方，是轉變的突然發生；謎團的關鍵，似乎仍是其中一個自我強化的模式。沒有任何人與世隔絕，不受其他人的行為所影響，而當其他人都受教育，生活要仰賴教育之後，先前順理成章決定不願接受教育的舉動，現在就不再有吸引力了。教育本身變成了一種自給自足的系統，不是因為個體有什麼改變，也不是由於心理學上的原因，而是基於群體行為模式與自我強化的邏輯。

我想，我們每個人都會直覺地認為，是個體的行為模式，流入並創造出某種社會情境，而這個情境會回過頭來影響我們的行動，使我們做出某種好的或不好的行為；我們身陷社會浪潮之中，這又助長了原先的浪潮，變得更有力，更能影響下一個人。

雖然不是出於個人的意願，我們共同創造了流行時尚、青年運動、宗教狂熱、愛國運動、群體的歇斯底里或股市狂飆。看來，我們經常漂浮在隱藏的社會浪潮之上卻渾然不知，這些浪潮影響了我們的思考方式，使我們採納某些理念。

但是，還有別種方法可以看待這類事件——這種看法與物理學有幾分類似。

你我都是「社會原子」

過去一個世紀以來，直到今天，物理學家大部分都致力於了解原子之間的交互作用。根據原子的種類，以及原子如何聚在一起、也就是它們混合的模式，就可以決定出各種不同的物質以及它們的特性，例如液體或固體，能導電的金屬或不能導電的橡膠，半導體或超導體，液晶或磁性物質。

近代物理最重要的一部分知識就是了解到，**真正重要的並不是組成分子或單元，而是這**

些組成分子的組織方式與排列形式。不但在原子和分子的尺度上是如此，在更高的尺度上也一樣。我們看到的世界，主要是模式和組織，但我們常常忽略這項事實。

挪威斯瓦巴群島中的斯匹茲卑爾根（Spitsbergen），距離北極只有九百六十公里，如果你走在它的凍原上，會看到一種很像古代人類遺留下來的標記。這裡的泥土就像石頭那麼硬，在有些地方，你會看到石塊仔細地堆成一個直徑將近兩公尺的圓環（見次頁圖二），這個幾何結構很像是人為堆起來的——但到底是誰做的？為了什麼目的呢？

科學家現在已經知道，並沒有任何目的；這個幾何圖樣是經過大自然的（隱藏）力量自然形成的。正如地球物理學家韋爾納（Brad Werner）和凱斯勒（Mark Kessler）幾年前示範的，主要的作用力就只是地面凍結與融解的反覆進行。

開始的時候，地上並沒有石頭圈，但泥土中石頭與土壤的分布並不是絕對均勻的，有些地方土壤多些，有的石頭多些。當溫度降到凝固點以下時（這在當地是司空見慣的事情），石頭比較多的地方會凍結得稍快些，這是因為泥土裡含較多的水分，而水的比熱很大，會凍結得稍慢。

圖二（拍攝者：Mark Kessler，攝於斯匹茲卑爾根）

凍結速率的些微差異，會產生地球物理學家所謂的「凍脹」現象，有一股膨脹力把泥土推往泥土較多的地方，而把石頭推向石頭比較多的地區。就像變魔術一樣，一種自然的分類過程自動發生作用，把石頭和泥土逐漸分開，讓它們堆積在不同的地方。結果，原本就不均勻的分布被進一步強化，使得土多處越多土、石多處越多石了。

故事到這裡只說了一半，接下來又發生了一些事。當石頭越積越多，石堆就逐漸變高，但太高的石堆並不穩定，在上面的石頭就會滾下來，使得石堆向旁擴散，越來越長。在某些情況下，山坡上都是一堆堆這種長形的石堆，但有些地方，長形石堆的末端會接在一起，形成一個三角形或方形。這些三角形或方形，最後逐漸演變成圖二照片中的圓圈。利用電腦模擬這種自我組織的過程，會得到和實際情況完全符合的圖樣，可見上面的解釋是正確的。並不需要有什麼智慧生物或人類的作為在裡面。[4]

過去的數十年間，科學家和工程師已經發現，這種「自（我）組織」的機制其實隨處可見，例如老虎身上的條紋和蝴蝶翅膀上的斑點，都是生物化學上明顯的例子，另外如海浪、沙丘、颶風或颱風的氣旋，也是相同的道理。

自我組織的本質是，模式（凍原上的石頭圈或結晶裡的原子排列）是自己形成的，和構成單元本身的性質沒什麼關係甚至完全無關。研究斯匹茲卑爾根凍原上的泥土或石頭，無法解釋石頭圈的現象；研究空氣分子本身的特性，也說明不了颱風或颶風的成因。一切的解釋，需要靠模式、組織、形式尺度上的思索，而非原子或次原子的尺度。

人的情況又如何？我們每個人可能也受制於某種群體組織的過程。正如前言裡提到的，謝林對於種族隔離這種根深柢固的現象的解釋，就是個明顯的例子。如果把人看成是構成社會的結構單元或「社會原子」，那麼許多人聚集在一起之後所浮現出來的模式，就可能和每個人本身的特質沒什麼關係。社區、政府組織、金融市場和社會階級，都可能是自我組織而成的結構，就像出現在凍原上的石頭圈那樣，遵循著我們還不知道的必然法則。

社會學家常說，某些社群比其他社群更有凝聚力，因此更能組織起來應付挑戰；管理學家也常堅稱，某些公司比別的公司更有彈性，更能適應各種情況，而這其實和「組織」有關，員工是否比較優秀則是其次的因素。

擁護自由市場理論的經濟學家，時常提到市場的自我組織機制，也就是亞當・史密斯（Adam Smith）所說的**「看不見的手」**，奧地利經濟學家海耶克（Friedrich von Hayek）所稱的**「自發秩序」**；在這個市場機制裡，每位消費者都追求自己最大的利益，結果超級市場的貨架上堆滿了各種各樣的消費品，廠商也製造出最符合大眾需求的產品，這一切都是自動自發的，沒有任何由上而下的控制或中央計畫。

雖然人比原子或石頭複雜多了，但我希望能清楚表達的是，社會科學與物理學的基本目標其實很相像。首先，你必須了解「社會原子」的特性；接著要學習到，當很多這種原子產生互動（交互作用）、創造出豐富的群體模式與表現之時，會發生什麼結果。很令人興奮的是，有些最令人振奮的科學工作已經展開了。

在冒煙的戲院裡如何逃生？

自我組織的本質是，某事件或過程A，會引起另一個事件或過程B，而B回過頭來產生更多的A，結果又激發出更多的B，然後出現越多的A，像這樣不斷的循環回饋。

例如當股票的價格下跌，會使持股人賣出手中的投票，當然會引起股價進一步的下跌；一個人的騷動會使別人跟進，一起鬧事；公園草地上些微的足跡會引誘別人跟著走，使得路徑更加明顯，引起更多人的跟進。在這樣的過程裡，回饋扮演了非常重要的角色，因此進行研究的時候，該注意的是系統間各部分的互動情形，而不是只注意組成的部分。

幾年前，德國物理學家賀爾賓（Dirk Helbing）受到謝林的啟發，設計了一個簡單的模型，來模擬人潮是如何自發形成的。

我們走路的時候，通常會朝著自己想去的方向前進，同時又要避免撞上別人，但是賀爾賓發現，這項簡單的事實，卻產生一些不是那麼明顯的結果。他利用電腦，模擬幾百個人在一條很寬的通道上朝彼此相反方向前進的情形；必要的時候，前進的人會朝兩旁稍微移開，以避免和對面的人相撞，而移動的方向並不固定。模擬的結果顯示，這麼簡單的個人行為，很快就形成很整齊的連續動線，每個人都在幾條動線上移動。

為什麼會這樣？祕密是這樣的：**當一個人為了避免碰撞而向旁邊移動的時候，並不需**

要移動太遠，只要找到有人的移動方向和他一樣就行了，因此，同方向的人就會在一起移動。這種動線形成之後，即使只是偶爾暫時形成，自然就會吸引更多人加入。動線是移動人群中自然而然形成的產物，並非出自任何人的意願，就像斯匹茲卑爾根的石頭圈一樣。[5]

當然，自我組織的結果也不一定都是有益的。

一九八〇年代早期，匈牙利布達佩斯的大眾運輸主管，在交通尖峰時刻常會加派公車行駛同一條路線，但乘客經常抱怨公車總是久候不至，而出現的時候經常是兩、三輛一起來。在一般民眾看來，這顯然是公車的駕駛故意脫班，或者是車輛調度出了問題，所幸公車的管理部門很快就發現問題的癥結所在，並且迅速採取對策。

事實是這樣的：雖然你密集派出好幾輛公車行駛相同的路線，而且每班車發車的間隔時間都一樣，它們卻沒有辦法維持這樣的時間間隔；後出發的車子，平均的載客量一定比較少，因為前面那輛車子已經把一部分的乘客接走了，因此，第二輛車在每一站停留的時間都比較短，無可避免地就會追上第一輛公車，而第三輛公車也會追上第二輛。由於自我組織的模式，到後來，同一條路線上的幾輛公車終會碰在一起。

了解了這個模式的成因，也就能提供一項解決之道。原先公車司機得到的訓令是，後發的車班絕不能超過前面那班車，現在，當局對公車的駕駛發了一道新的命令：如果看見前一班公車停站載客，後來的車子不必理會它是不是能讓所有的乘客都搭上車，就不必停車，超過去搭載下一站的乘客。這一來，果然解除了多班公車同時到站的窘境，載客的效率也大幅提高（不過我相信，有些乘客看見空的公車過站不停，一定很不開心）。

賀爾賓和他同事研究的另一個例子，也讓我們了解到，**充分認識社會自我組織的過程，可以大幅改變管理群體行為的方式**。

他們利用電腦模型，探討人群在恐慌的情況下會有什麼反應，比方說，在一個冒煙的戲院裡人群如何逃生。得到的結果和我們小時候學來的教訓一樣，就是：不要奔跑。一群人拚命湧向出口，會造成嚴重的阻塞；如果人群移動得緩慢些，反而可以避免阻塞，使所有的人都能離開現場。賀爾賓得到的結論其實就是：欲速則不達，走慢些反而離開得早。

但是更進一步的探討，會得到更令人驚訝的結果。每個房間裡或多或少都有些桌椅，這些桌椅的大小和擺放位置，對房間裡群眾的疏散，有沒有什麼影響呢？顯然，房間裡的障礙物越多，情況應該會越糟糕才對。然而，和我們的直覺相反的是，**障礙物的存在，有時候反而有助於群眾的疏散**；尤其是在出口前面幾步的地方擺張桌子，可以協助調節人群的流動。這張桌子改變了阻礙疏散的自我組織模式，促使每一個人更迅速地離開。6

了解自我組織模式的運作方式，並設法用來造福人群，是社會科學的主要任務之一。我想大部分的人都會以為，這就是社會科學家採行的研究方式，但令人訝異甚至疑惑的是，很少社會科學的研究人員是這樣做的——謝林、賀爾賓和少數這方面的先驅，都仍是例外。

一門怪異的科學

大家或許覺得，社會科學家應該是在花時間研究社會的一些基本現象，例如社會階級的形成，或者社區或企業的「文化」如何傳承下來。為了解釋這些社會現象，他們應該會去探討人類行為的基本特質，例如人們模仿別人的傾向，好讓自己能融入團體裡；或者人們為了應付快速變遷的世界，而要具備的適應力。畢竟社會是由人組成的，是由人的行為形成的，因此應該能由人的本身和人際互動來解釋。

但很多社會學家並不是以這種方式來做研究的；很多研究人員的研究調查，是在尋找一件事和另一件事之間的「相關性」，例如貧窮與犯罪，教育與所得；找到兩者間的關連之後，他們說其中的一件事解釋了另一件事。為什麼市中心區的犯罪率高？很簡單，因為市中心區比較貧窮，而這兩件事是綁在一起的。

當然，這樣做也沒有什麼不對，如果兩件事之間真的存在什麼關連或模式的話，就表示裡面有些很有趣的東西，值得深入探究。但研究往往就此打住，沒能進一步探討，人的行為怎麼會造成這種模式，也沒有試圖找出產生這種機制的根本原因。貧窮如何改變個人的行為？這種行為的改變怎麼會導致犯罪？這些問題，許多社會學家都還沒有回答，這使得社會科學彷彿像是應用統計學的一支。

經濟學家則用另一種方法來研究社會科學，這也是今日社會科學研究的主要方法。這個方法把焦點放在原因上，注意人的本身和他們的動機，思考這些原因與動機如何導致社會結果。不過，這些研究大部分也有它的奇特之處。

有些偉大的經濟學家，像一九五〇年代的傅利曼（Milton Friedman）就主張，理論學家不應該費心去描繪和個人行為有關的實際圖像，而應該注意那種便於建構理論的圖像，然後用理論來做預測。

最常用的假設是，人在做決定的時候，是全然理性而且絕不出錯的，只熱切地追求自己個人的利益。除了這種研究取向，現今的經濟學領域還深受另一種研究取向的影響，就是認為一個群體表現出來的特質，正可反映出組成該群體的典型個體的特質。正如我後面會再說得更清楚的，理論經濟學家通常也會假設，一個人的行為絕不會影響其他人（目的是想使他們的數學模型更簡單些）。

有些社會學家則忙著重新闡釋昔日一些大思想家的言論。關於霍布斯、韋伯、涂爾幹或亞當・史密斯到底說過什麼或沒說什麼、他們真正要表達什麼，永遠有扯不完的論戰[7]。

還有一類很極端的社會學家，完全不管真實世界那些瑣碎的細節，喜歡非常恢宏的思維風格，沉浸在抽象的理論裡，完全不去測試自己的理論是否適合現實的社會。這又以「後現代主義」學派為代表，他們堅持，並沒有那種我們能夠了解，具備客觀特性的真實世界。所謂的真實，其實是大家心照不宣任意「建構」出來的。他們經常提出的另一種論調是，我們的思考和溝通，與語言有密不可分的關係，一切都可以視為一種文本，而社會學理論或多或少就變成了「文學批評」的同義詞。

在我看來，社會科學好像走到了相當詭異的地步，不過我也認為，這類社會科學很快就會變成歷史的遺跡。有兩個原因。第一個是，**有很多傑出的心理學實驗結果出現**；過去數十年間，我們已經看到，很多的人類行為並不是我們想像的那麼複雜，那麼難以理解。「社會原子」（如果你願意這麼稱呼）的行為，通常會遵守相當簡單的法則。第二個原因是，科學家已經知道，**社會行為之所以複雜，並不是因為個別成員的複雜特性，而是起因於很多人聚在一起時，通常會以令人驚訝的方式，創造出各種模式**。

在探討「模式比人更重要」這個理念的過程裡，我們會設法找出紐約股票交易所和其他金融市場的運作邏輯，看看思潮如何自我回饋，造成沒人預期到的狂飆或崩盤；我們會研究謠言、流行、歇斯底里浪潮的背後，那些奇特而沒有什麼特別意義的運作機制；我們會看到，群體行為多麼精確地遵循數學模式。

我們也將會探討發生在前南斯拉夫和盧安達的事，找出那些驅動我族中心主義的隱藏邏輯，同時回溯我們早期的演化史，看看在非洲大草原上長期爭戰的族群，如何在我們最基本的社會習性上，烙下難以磨滅的記號，特別是我們和完全陌生的人互相合作或互相幫助的能力。

在討論的過程中，你會明白，怎麼用「社會原子」去解釋社會裡再三發生的模式，例如為什麼有社會階級的存在，為什麼財富總是流進少數人的手裡。今日的研究人員在處理人類社會行為議題時，越來越像物理學家在研究原子怎麼組成各種物質：為什麼有些東西黏黏的，有些東西滑滑的；有些會導電，有些不會導電。

鑽石之所以會亮晶晶，並不是組成鑽石的碳原子每個都亮晶晶的，而是因為碳原子以特殊的方式排列在一起。個體單元並不重要，最重要的是結構模式，人也一樣。

本書的議題涵蓋了財富、權力、政治、階級仇恨和種族隔離；談到一窩蜂、流行、暴動、社區裡自發產生的善意與信任，以及橫掃金融市場的慘澹或愉悅情緒。最主要的是，本書要談社會上隨時隨地發生，改變了我們生活的事件或變革，企圖指出為什麼我們無法察覺這些事件的起因。

2. 為什麼個人的行為無法預測？

只要有人，政治這玩意兒早晚會出現。

——恩岑柏格（Hans Magnus Enzensberger），德國詩人、作家

一九八四年，斯特恩（William Stern）手上有件重責大任，就是重振紐約市著名的時報廣場。當時這個地區已經破敗不堪，可說是人渣聚集的地方。在紐約市土生土長的斯特恩，當時是都市發展公司的主管，這個機構隸屬於紐約州，負責沒落城區的改善及規畫。在斯特恩的童年記憶裡，時報廣場是一個令人感到溫馨的地方。

他回憶說：「五〇年代早期，我在這裡度過許多美妙的童年時光。父親常在星期六帶著我，從哈林區搭公車到時報廣場看電影，大部分是西部牛仔片，然後我們會到Nedick's吃點

東西，接著就四處遛達，看看巨大的廣告看板。」

但現在，一切都變了：「我在夜間走過時報廣場，身旁有位州警陪同……我對於所見到的景象充滿反感。我們快速路過滿是娼妓的廉價旅館、色情按摩間、販賣黃色書刊的書店，一路上還有專播成人電影的小電影院、脫衣舞俱樂部，碰到的都是些毒蟲、毒販、皮條客、阻街女郎——大城市最陰暗的一面，在這裡可說是一覽無遺。」[1]

經過三十年的逐漸沒落，幾乎所有的「合法」行業都退出這個區域，這裡也像磁鐵一樣，吸引了很多的罪犯前來，變成犯罪天堂。光在一九八四這年，根據警方的紀錄，四十二街介於第七與第八大道之間的這個街區，就發生了兩千多件的案件，堪稱最糟糕的街區，而且其中五分之一以上，是強姦或殺人之類的暴力型犯罪。時報廣場這個昔日的地標，此時卻成為文明世界的邊陲地帶，與無法無天僅一線之隔。

然而斯特恩和他的團隊卻計畫改變這種情況。他們構想的「四十二街重建計畫」，打算花費二十六億美金，使整個時報廣場恢復昔日的光輝。他們打算興建新的辦公大樓、旅館和大型的電腦賣場及服飾賣場，估計會占好幾個街區；他們也想整修一些有歷史意義的戲院，例如有名的「新阿姆斯特丹」戲院，並且整頓骯髒不堪的四十二街地鐵站。這是個宏圖偉略，但在開始之前就已經遍體鱗傷了。

雖然紐約市政建設評估委員會在同年十一月，終於批准了他們的計畫，但其中一些大膽的想法，早就淹沒在政客們爭論的口水之中了。接著，在一九八七年十月，股市崩盤，一天之內股價指數就跌了百分之二十二。這股經濟衰退的風潮最先影響的是房地產市場，接著像骨牌一樣，法律事務所、廣告商家和銀行，都相繼受到波及——這些都是重建計畫的主要潛在客戶，如今一個一個退出。斯特恩回憶說：「我們的計畫，幾乎沒有任何成果。」

至此，斯特恩鍾愛的時報廣場，還是淪落在無情的社會自然力之下，到處充斥著毒犯、皮條客、遊民、毒蟲和暴力的罪犯。但**不久後，奇妙的事發生了：時報廣場居然自己慢慢回春了**。

一九九〇年，媒體集團Viacom簽下租約，租下百老匯大道一五一五號，Astor飯店的舊址。兩年後，跨國出版集團「貝塔斯曼」和著名的投資銀行「摩根史丹利」，也在百老匯大道買辦公大樓，接著在一九九三年，迪士尼公司同意和市政府合作，整建「新阿姆斯特丹」

戲院。

迪士尼一進入這個區域，投資者的興趣立刻飛漲，隨後幾年，大飯店和辦公大樓如雨後春筍，紛紛冒出地面，連著名的杜莎夫人蠟像館，也在紐約開了分館。色情行業以及脫衣舞酒吧漸漸銷聲匿跡，犯罪率也不再高得嚇人。到了一九九〇年代末，時報廣場搖身一變成為繁華的象徵，原先破敗的市容，被閃閃發亮的玻璃帷幕及鋼骨建築取代。

這到底是怎麼回事？斯特恩也承認，時報廣場的復甦，和紐約市政府的建設計畫毫不相干。他注意到其他的原因；他說：「這絕對和政府打擊犯罪的政策有關。經過大力掃蕩色情，並且選擇性的減稅，至少使市場恢復它應有的活力，而讓這個地區慢慢復甦。」警察開始逮捕輕微罪犯，也就是有名的**「零容忍」策略**，而且市政府也通過了各種打擊色情業的法令。斯特恩認為，這些措施是時報廣場恢復原貌的主要原因；他認為這件事給我們的教訓是：「政府追求經濟發展，有正確的方法，也有錯誤的方法。」

斯特恩的解釋似乎言之成理。畢竟他親眼目睹時報廣場的轉變，確實有可能說對了原因。但是我們怎麼知道他說得到底對不對？我們有可能知道時報廣場復甦的「真正真相」

嗎？這個問題乍聽之下有些奇怪，發生的事情當然有「真正的真相」。但就算有，想把它找出來絕非易事。我們面臨的難題在於，在人類社會裡，每個人解釋一件事的方法各有不同，但相對的，對於非人類社會的事件的科學解釋，通常是透過科學家發現的模式和自然律。

科學的妙方

一五六六年，丹麥天文學家第谷（Tycho Brahe）和貴族巴斯柏格（Manderup Parsberg），為了誰的數學本事高強而起爭執，巴斯柏格一怒之下，用劍把第谷的鼻子削去一大半。當時第谷只有十九歲，之後，他終生戴著一個用金和銀做的假鼻子，直到一六〇一年去世為止——第谷的死因也頗為離奇：據說他是在一場重要的宴會場合，基於禮貌，憋尿過久而喪命。

一位傳記作家於一六五四年寫道，在晚宴上大家杯觥交錯，第谷無法離開會場，等他終於能夠從宴會脫身時，「覺得劇痛難忍，而且接連五天難以入睡。之後他每次排尿都很困難，分量大減，還嚴重失眠」，十天之後就與世長辭了[2]。

除了上面提到的不幸之外，第谷的一生還充滿了其他類似的奇怪行徑。他住在一個位於丹麥和瑞典之間的小島，叫做文島（Hven），是國王賜給他的領地。他養了一隻麋鹿當寵物，這隻麋鹿很喜歡喝啤酒，當他巡視島上城堡的時候，這隻麋鹿還會在後面跟著他。但第谷的一生並不是這樣懶洋洋地蹉跎掉的。他在科學研究上有超人的堅持，建立了良好的科學研究典範。

第谷每天早晨與夜間，都鑽進一座小型天文台，利用自製的觀測儀器，觀測並記錄火星的位置，數十年如一日。這個發著紅光的針頭般小亮點，有時可在地平線上看見，當時還沒有發明望遠鏡，天文學家對於行星的真實面貌，還一點概念都沒有；大家只知道火星在天空裡運行的軌跡非常複雜。

在每天的同一個時間，火星的位置由西往東逐漸飄移，但大約每兩年，火星的位置會來一次偏離演出，會先慢下來，往回走一小段，或許繞個小圈（見次頁圖三a），然後再回復原狀，繼續正常的運行。

2　為什麼個人的行為無法預測？

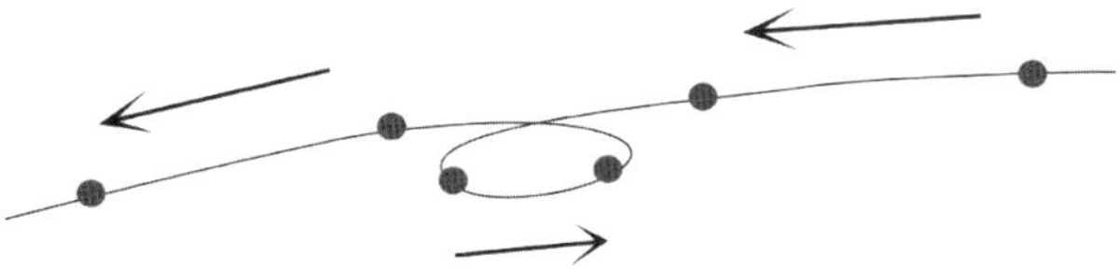

圖三a

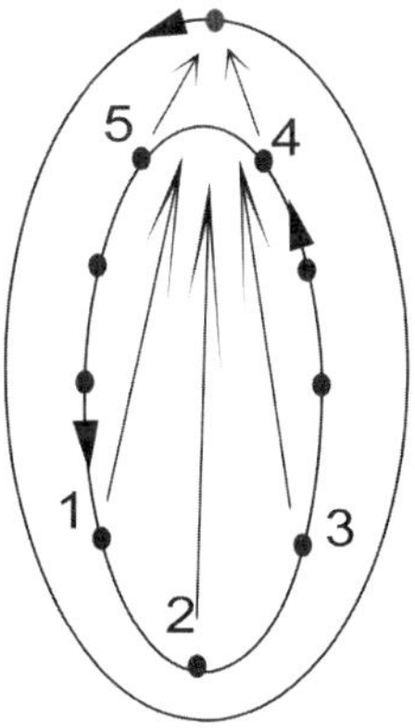

圖三b

在第谷的時代，沒有人能夠解釋這個奇特的現象。但在第谷於一六〇一年去世了之後，德國天文學家克卜勒（Johannes Kepler）有機會接觸到第谷記滿數字的筆記，經過了八年的努力，終於發現隱藏在表象之下的單純規律。

克卜勒發現，第谷筆記裡代表火星怪異行徑的那些奇怪數字，居然一點都不奇怪。克卜勒的數學計算揭露出，原來火星和地球都是在環繞著太陽的橢圓形軌道上運行，而地球在內側的軌道上。

大部分時間裡，地球與火星相距甚遠，因此從地球上觀測火星，就覺得它由西往東走（如前頁的圖三b中，地球從位置1走到位置3的時候），但是因為地球繞軌道一圈的時間比火星快（大約快了一倍），因此每兩年會追上火星，並且超前。就在我們近距離超過火星的那幾個月裡，火星看起來似乎由東往西移動（即圖三b中，地球從位置4走到位置5的時候）[3]。

克卜勒是史上第一個了解到行星怎麼運動的觀星者，因為他發現了行星運動的模式。他的發現後來更啟發了牛頓，進一步找出解釋這種單純模式的原理——描述重力和運動的數學定律。

第谷、克卜勒和牛頓三個人聯合起來，展現了怎麼做好科學研究的最佳典範。首先是蒐集數據；接著認出數據裡的模式；最後找出解釋的機制。**模式所揭露出來的規律，讓我們知道事情不像表面上那麼複雜，而這些模式後面的自然律，往往可以拿來做預測**。例如，知道了流體動力學的模式，今日科學家和工程師可以利用電腦來模擬飛行器，而且對於模擬結果有十足的把握。現在，像波音這類的飛機製造公司，甚至不必試飛新飛機。

幾年前，一位波音公司的高階主管告訴我，他們只試飛戰鬥機，好讓社會大眾安心，畢竟一般人還是難以相信，科學的能力已經到了這麼高明的地步。量子理論和相對論裡的模式，甚至能讓物理學家做出準確度驚人的預測；對電子「磁矩」的最新預測，和實際測量值的差距僅有一億分之一[4]，這種準確的程度，好比在十五公里外發射一根針，要把一根頭髮劈成兩半一樣。

通常，**科學定律有點像食譜**：你把A和B兩種原料加在一起，最後一定會做出C。氫氣和氧氣混合起來發生作用之後，一定會產生水。一旦了解某個定律，你就可以一再應用。牛頓的運動定律可以解釋火星、通訊衛星或彗星的運動，就像它解釋棒球飛向本壘的運動軌跡一樣。

顯然，如果我們對於「都市新生定律」有類似的了解，也就可以拿它來看看時報廣場的例子，輕鬆地解釋到底發生了什麼事。譬如可以這麼解釋：在一九九〇年代初，政府明智地讓條件A和條件B就緒，然後依據斯特恩的都市新生法規，可預測的結果C（鋼骨建築、富裕以及生氣蓬勃）就出現了——當然，根本沒有任何人能做出這樣的預測。

讓我們考慮一些不同於斯特恩的解釋。也許時報廣場的復甦只是個偶然的意外，少數幾個關鍵的投資者，正好同時在時報廣場附近投資，而鼓舞了其他人的跟進；或者，有人或許注意到了，時報廣場早年也曾經這樣起起落落，所以這也許只是自然的循環，當鐘擺擺到「房地產下跌」的一端，就預示了不久將往回擺。

每個人依照個人的經驗和哲學觀，會選擇不同的解釋，或許你選擇的，是一個我根本沒有提過的原因。但這些假設性的解釋，顯然都缺乏權威性，因為它們都是事後才提出來的。在發生之前，沒有任何人預測到時報廣場的復甦；同樣的，也沒有任何有效的理論，可以預測犯罪率的改變、群眾運動的暴發，以及政府的命運；我們沒有人能預測下個月或甚至明天的股市表現（雖然有不少「股市老師」靠此賺錢，吃香喝辣）。

英國哲學家懷海德（Alfred North Whitehead）曾經寫過一段話：「**科學思想的目標，是在特例中發現通則，在無常變化中看出永恆不變**。」可惜的是，在處理和人有關的事件時，找出模式，尤其是發現模式背後的自然律，就算有可能，也會是非常困難的。

因此，有關於人的事件的解釋，通常是憑藉各種論述和貼近真實的敘事，就像斯特恩的例子。我們可以說，人的科學大體上就是「敘事」的科學，把一個個事件串起來[5]。我們愛說故事，是因為我們喜歡故事；故事有豐富的細節與戲劇性，也有意想不到的轉折，掌握了現實生活裡的張力及興奮刺激。但除了我們本身喜歡故事，還有另一個原因：我們缺乏了解人類社會的科學法則。

不管怎麼說，人依舊是原子和分子構成的產物，人也是大自然的一部分。如果大自然遵守從自然律中浮現而出的模式，人不也應該如此嗎？在一百五十年前，有個人名叫巴克爾（Henry Thomas Buckle），就這樣想過。

所有的經濟預測幾乎都是錯的？

十九世紀過了一半之際，巴克爾剛好二十歲，他是英國大船商之子，也是當時歐洲西洋棋下得最好的人。顯然是下棋下厭了，巴克爾忽然放棄了西洋棋，轉而研究世界史，並且訂下目標要寫一部傳世之作，要使人的研究變成一門真正的科學。或許在此之前，沒有人曾有這樣的信心，認為人的研究也能是真正的科學。

巴克爾的想法有他當時的時代背景。在克卜勒和牛頓之後，科學家在物理上有很大的進展，也產生無數的實際應用，甚至發明蒸汽機引發工業革命。科學的浪潮似乎無法阻擋，以不可逆轉的態勢一直往前進。過去一些似乎很神祕的現象，最後都得到適當的解釋，而且人們預期，未來也將繼續這樣發展下去：

每個世代都展示了一些規律而可預測的事件，是前一個世代曾聲稱不規律而且無法預測的。文明不斷進展的顯著趨勢，就在於加強了我們對於秩序普遍存在的信念……如果任何

> 一件或一類史實還不能化約出秩序，我們最好是向過去的經驗借鏡，承認這些我們目前覺得費解的事，可能在不久的將來獲得解釋……[6]

巴克爾表示，在物理學上，一些看起來「很不規律而又變化多端」的現象，已證實都遵守普適的定律。他認為：「如果人的事件也能用類似的方法進行研究，我們當然有權期待類似的結果。」他還認為，我們目前沒有達到這種程度的了解，原因就是過去那些歷史學家和哲學家，比伽利略、克卜勒和牛頓這些大科學家「略遜一籌」。

以我們後代人的眼光來看，巴克爾的作品並沒有達到他的遠大抱負。他在兩大冊《英格蘭文明史》中，主張氣候和地理條件決定了國家的發展與富裕程度，以及國民的智力水準。更奇怪的是，他有個結論說歐洲人天生就比非歐洲人高明，理由是歐洲人征服了自然，而其他人則被自然征服。不過，巴克爾並沒有發現任何「法則」，可供當代或後代的人來驗證。

在差不多同時，法國哲學家孔德（Auguste Comte）也有類似的論點，主張人的事件必定會遵從科學法則，而若我們能夠學會這些法則，就可以消除道德上的邪惡。

孔德認為人類活動的發展終會邁向第三個階段。在最初的「神學」階段，人類以超自然的存在來解釋萬物，而到接下來的「形而上」階段，人們開始發現其中的原因。孔德相信，文明最後會進入一個「確定的」階段，這時候，人類將會理解那些支配整個世界的科學法則。不久的將來，也會有其他的天才，像牛頓為物理科學所做的事情那樣，為人類社會的科學建立一套科學系統，取代之前所有的哲學行動。

不用說，這些信念都沒有實現。從彌爾（John Stuart Mill）到亞當・史密斯到馬克思，所有抱持著同樣信念的思想家，都無法在人類社會裡，找出「類似則」的模式。最近，想找出真正的社會科學的夢想，轉移到經濟學上去。

我在後面的章節裡，會更仔細地分析經濟理論和它的缺點，但在這裡只先指出一點。儘管圖書館裡充滿數不清的「深奧」經濟理論巨著，然而我們卻看不到任何像物理、化學或生物學教科書上，一目了然的論證基礎。有許多聰明的人在搞經濟學，不過若用科學的角度來看，普遍還沒辦法做出準確的預測。

舉例來說，幾年前，經濟顧問機構London Economics評估了三十幾個英國頂尖的經濟預測團體所做的預測，其中包括財政部、國家研究院及倫敦商學院等等，他們的結論是：

有個古老的笑話是說，有關於未來經濟發展的不同意見，就像經濟學家的人數這麼多。但事實正好相反。所有的經濟預測……都在同時間說了差不多相同的事，相似程度令人吃驚。比起所有的預測和真實發生的現況之間的差異，各預測之間的差異反而微不足道……而且這些預測幾乎總是錯的……這些口徑一致的預測，完全沒有預測到過去七年裡幾個最重要的經濟發展——像是一九八〇年代消費景氣繁榮的強度，一九九〇年代衰退的深度與持續程度，或通貨膨脹從一九九一年開始劇烈而持續地下降等等。[7]

關於犯罪、經濟發展或文化的成長等問題，研究人員提出過成千的想法，但這些想法都經不起類似物理定律所能承受的審視。社會科學還在等待它們的克卜勒和牛頓。

但這是為什麼呢？是什麼因素使社會科學如此困難，比其他的科學艱難得多？或許人類社會在本質上就是有它獨特的難題，因而不可能找得到任何「法則」？很多哲學家和社會學家都做過這類的暗示——可能就是因為人太複雜了。

克莉奧佩特拉的鼻子

首先，非常麻煩但又無法避免的是，像是災難、戰爭或選舉之類的大型事件當中，總是會發生一些小插曲，使得整個結果變成這樣或那樣，完全說不出個道理。英國歷史學家卡爾（Edward Hallett Carr）把這類問題稱為「克莉奧佩特拉的鼻子」（Cleopatra's nose）。

在羅馬史上，凱撒身亡之後，繼任的安東尼迷戀埃及女王克莉奧佩特拉，為了取悅她，輕率地發動海戰，最後在亞克興戰役中被屋大維擊敗。所有的正統歷史學家都把這場戰爭的起源與結果，歸咎於克莉奧佩特拉的美貌。

邱吉爾有一回提到歷史上另一樁令人困擾、但也同樣有趣的偶然插曲。在一九二〇年，希臘國王被自己養的寵物猴子咬了一口之後死了，後來發生了一連串的後續事件，使希臘和土耳其兩國發生戰爭，邱吉爾評論說：「這隻猴子咬死的可是二十五萬人。」

如果人類事件的巨流一直有這些微小的事件滲進來，而這些小事又有力量使整個巨流的方向改變，我們怎麼可能期望要解釋任何事情？

時報廣場的復甦，到底是什麼事情造成的？如果迪士尼當初沒有投資，或許其他的投資者也將裹足不前。這樣說來，當時迪士尼的執行長艾斯納（Michael Eisner）的看法，可能是決定性的關鍵？而且很可能他的決定只是聽了財務顧問的幾句話，或是看到報紙上的某則消息。

如果俄羅斯盧布沒有在一九八七年十月崩盤，美國股市可能也不會暴跌，那麼斯特恩的重建計畫就會按規畫展開。若是重建計畫沒有成功，今天的時報廣場就會像一九八四年那樣破敗，甚至可能更糟。因此，在說明時報廣場復甦的這件事時，也同時在談論俄羅斯的財政狀況。

這當中如果有科學法則，就意謂著會存在某種模式，可解釋不同的情況，使我們學會事情是怎麼運作的。但如果一個很微小的事件，就能將整個情況瓦解，使未來朝不同的方向發展，不禁令人懷疑是否真有這樣的法則存在。「克莉奧佩特拉的鼻子」之類的問題，好像暗示人類事件的長流是不可測的，就像某些人說的：「該死的爛事一件件接踵而來。」

這裡還有另一個問題。像時報廣場復甦這種事，我們很容易想像，**若請教十個人，會有十個答案，因為每個人會依照自己的觀點來看待問題**。若問市政府的官員，什麼事是最重要的，他選的事件和住在這個地區的當舖老闆、警察或詩人所選的，一定都不一樣。

最主要的困難在於，這件事可能有數千個影響因素，但沒有人能夠指出哪個因素是重要的，哪個又是無關緊要的。正如前面所說的，相關的事實太多了，不可能做實驗去判斷哪個因素是重要的，哪個不是，我們只好把互相矛盾的解釋都列出來，沒有辦法去平息爭論。只要打開每天的報紙，你就可以發現類似的情況；保守派和自由派的時事評論員，都在社論上發表他們對同一件事的看法，而這些看法往往是互相牴觸的。

簡單來說，我們對人類社會事件的描述有個基本上的問題，就是**缺乏「客觀性」**，也就是當某件事真的發生時，所有的人都同意的一種描述。

這個問題還有另外一個切入的角度。世界上的事件，細節是無限多的，但是我們的能力有限，只能選取其中的一些細節，把它們串起來。在看待歷史時，我們一定要知道它是經過某種選擇的，而這個選擇過程當然會帶進來某種程度的偏頗。卡爾認為，關於「事實」的紀錄（這構成了歷史敘事的基礎），反映出寫歷史的人所做的選擇：

我在現代人寫的中世紀歷史記載中，讀到中世紀的人非常關心宗教，我不禁納悶，我們怎麼知道的？真是這樣嗎？我們對中世紀史實的知識，全是各代編年史學者為我們選擇記錄下來的，而這些人都具有宗教理論及實踐上的專業素養，因而會認為宗教特別重要，於是就記錄和宗教有關的每件事，而那些和宗教無關的事就寫得不多。[8]

每位新聞記者和每個看報紙的人都知道，敘事者的好惡以及人格特質，會影響他說出來的故事。把這個觀念推到極致，你就可以了解，為什麼當代有些「後現代主義」理論學者認為沒有辦法為人類社會找出「最正確」的敘事。每個敘事都與其他的敘事同樣有正當性；事實上，並沒有「真正的事實」可供我們描述。[9]

上述有關於社會科學停滯不前的理由，似乎不足以令人信服。其他領域的科學家，如地質學家或生物學家，也必須處理類似的問題，而且似乎是遊刃有餘。

生物學以前也碰過「克莉奧佩特拉的鼻子」的難題，或者說「偶然性」的問題，這類問題幾乎影響到所有的生物世界。演化的核心是偶然性，因為每個新世代都有帶著特異基因的個體，這是由隨機的基因突變或性擇重組產生的。隨機事件隱藏在遺傳變異後面，而接著發生的天擇，把成功的個體挑選出來。結果，每個生物各自攜帶著久遠以來保留下來的偶然事件痕跡，不管是在外觀上或者是肉眼看不見的分子層次上。

但是，生物學家已經學著去了解整個過程——從這些偶然變異，結合了天擇與時間，產生出有形的形態，例如許多生物所展現的基本身體方案（body plan）。偶然性並不妨礙準確的預測。

另外，生物學家也已經解決了「客觀性」的問題。所有人都同意，恐龍大約是在六千五百萬年前滅絕的，很多因素都有可能插上一腳，例如溫度的改變，大氣中含氧量的改變，食物供應減少等等。

研究人員沒有辦法回到過去，把這些因素拿出來實驗，但是他們還是能把所有的相關證據拼湊起來，最後得到一個相當令人信服的結論：一顆小行星撞擊墨西哥灣，最有可能解釋恐龍為什麼滅絕。這項解釋以後也可能發現是錯的，但如果真的錯了，將會出現另一個有更好證據的更好解釋來取代它。

因此，我們還是不明白為什麼人類社會這麼不容易了解。困難不在於帶來偶然性的意外事件，也不在於不可能進行實驗。究竟困難何在？

人就是愛搗蛋

還有最後一個爭論點，一般人常用來說明為什麼社會科學看似不可能像物理學那麼有力量——那就是「人」本身。

身為個體，我們是不可測的，有理智但也會情緒化，有時很善良，但也會有怨恨，被幻想所驅策，常常會上當，也會犯錯。關於人格特質與行為，沒有任何具體的理論，頂多只有概略的現實描述。也難怪當我們讓十個人同坐一桌，把五十人放進辦公室，或把一千萬人放進一個國家之後，會發明出呼拉圈和「豆豆公仔」，會發生自殺潮，會有無數的可笑政治陰謀，會產生腐敗、背叛、工業技術、仇恨與戰爭。道理很簡單，我們人類可說是全宇宙中，大家所知最複雜的東西了。

實際情況比上面說的還要糟糕，因為每個人都不一樣，不但每個人的組成基因不同，成長經驗也是唯一的，因此，人的科學不但要處理已經幾乎是無限複雜的個體，還要處理很多這樣的個體，而每個個體彼此都不一樣。奧地利物理學家鮑立（Wolfgang Pauli）就曾承認，從這個角度來看，物理學比社會科學簡單多了。鮑立指出：「在物理學上，我們可以假設每個電子都是完全相同的，但是社會科學家就沒有這麼幸運了。」

如果每個氫原子都有自己獨特的歷史，而會影響它的行為，那麼物理學家該怎麼辦？如果我們必須了解原子的情緒和思想，才能計算它的作用，又該怎麼辦？如果真是這樣，物理學搞不好不會像現在這麼突飛猛進。**物理學和化學也許稱得上是「硬」科學，然而人的科學實際上是「更硬」的科學，而不是「軟」科學**——基於個體的複雜性以及人和人之間的差異性。

當然，還有「自由意志」的問題。如果自由意志不是我們的錯覺，人可以隨心所欲，做想做的事，那麼人的世界根本不太可能有絕對正確的法則。我們也就不需要做預測。

十九世紀的俄國小說家杜斯妥也夫斯基就認為，如果真能找到一種規範人類社會的法則，且藉此建構出一個完美的世界，人的頑固性格也會驅使我們去反抗它。人是「忘恩負義的兩足動物」，如果他的生活都被事先安排得好好的，他也會想立刻去破壞它，只為了證明自己的能力：

即使蒙受世上所有的祝福，沉浸在快樂海洋，極目所望全是樂事；給他所有財富上的滿足，不需要做任何勞苦的工作，每天都錦衣玉食，狂歡作樂。在這種情況下，人還是會忘恩負義，故意和你搗蛋，他甚至會不顧自己生活上的安定，故意做出最致命的蠢事，最不划算的荒謬行徑，僅只為了在美好的生活裡，添加一些想像力的元素。這只是他的幻夢，他的低俗愚行，他有意保留著，只為了向自己證明人畢竟是人，而不是鋼琴上的琴鍵。[10]

人總是做出一些使人類社會變得無法預測的事情。有時只為了想證明人類社會是無法預測的。

人性的倔強是其一，但是自由意志以更顯著的方式，擾亂了行為的可預測性。四十五年前，英國哲學家巴柏（Karl Popper）就主張，由於自由意志給了我們一種能力，去做一些沒有先例的事情，去創造和發明，去學習，而單單「學習」這件事，就足以讓我們別想去預測人類歷史的未來。

人類知識的增長，顯然會影響人類歷史的發展。只要想一想原子彈、電話和網際網路就知道了。巴柏說，我們也無法預測知識增長的情況，因為學習本身就意謂著發現新的、想不到的事情。我們現在預測得到的未來新發現，並不屬於這個範疇。

因此，如果知識的改變會影響歷史前進的軌跡，而我們又無法預先看出這種改變，那麼歷史必是無法預測的。巴柏說：「對於歷史命運的信賴，純屬迷信……人類歷史的發展，是無法以科學方法或其他的理性方法來預測的。」[11]

這並不等於在譴責尋找人類社會模式的一切努力；巴柏從來沒有這麼說，但他的言論很清楚地說明了這有多麼困難。像我們這樣，把人當成原子，想建立一套描述人類社會的「物理學」，是很可能遇到阻礙的，因為「人類原子」比宇宙中我們所知的任何東西，都要錯綜複雜。

一道最後的界線？

因此，我們似乎得到一個概念，就是：人類社會之所以這麼複雜，是因為人很複雜。從這樣的觀點來看，我們可以為自然界的其他每一件事物建立理論（從細菌的菌落、洋流，到超導體和超新星），但是碰到「人」的時候，我們的知識範疇卻出現一條很清楚的界線。我們只能用敘事的故事和模糊的運作模型，來描述人類行為以及組織、市場、都市與政府的運作方式，這些都不可能像科學法則，也不可能做出準確的預測。

這個結論似乎引來了下面這個觀念：人類是「自外於」自然世界的生物，或至少自外於科學上的自然世界。我們不太像世上的其他東西。這種想法其實源遠流長，尤其是在基督教的哲學體系中。

當然，近代科學裡的一切，都指出相反的結果，而且自從克卜勒之後，情況更是越來越明顯。我們並不特殊，和其他的生物也沒有什麼不同；我們是自然的一部分，也遵守同樣的原理。我們和田野裡的老鼠，共享大部分的DNA，而我們的基本遺傳機制，和細菌沒什麼兩樣，細菌顯然是我們在演化上的遠房表親。

「哥白尼原理」告訴我們：人是自然的一部分，但並不是它的中心；我們知道得越多，就找到越多支持哥白尼原理的理由。我們首先知道，地球並不是宇宙的中心；後來又知道，太陽系的地位並不特別，連我們的銀河系也一樣，只是無數個星系當中的一員而已；我們也學到，在生物學上，人類並不特殊。我們學得越多，就越了解動物也像人一樣聰明——烏鴉會使用工具，黑猩猩也有牠們的文化。

正如我在第一章裡論述的，我們對人類社會的許多困惑，也許並非來自人與自然的隔閡，而是來自我們錯誤的信念，堅信有這樣的隔閡；我們對於自己還不夠客觀。而且，我們聲稱沒有能力或不願意認清，**一個很簡單的行為在很多人的互動中重複出現之後，可以產生**

多麼豐富而又令人吃驚的結果，這更使問題雪上加霜。

在本書的最後，我希望能說服各位，在建構人類社會科學方面，我們可以有很大的進展；只要能修正思維上的這些錯誤；只要能像對待自然現象那樣，學著去找出人類社會運作的模式，試著把這些模式，解釋成普通個人行為的自然群體結果。我覺得今天的社會科學正在進行這一類的研究計畫，設法去了解群體模式的源頭。

科學的最佳推銷員常把物理學描述得像是專門研究弦論和宇宙起源的學問——這確實沒錯，然而大約百分之七十五的物理學家，做的還是和日常生活有關的題材，例如晶體和超導體、超流體和磁性物質、塑膠和橡膠等，這個統稱為「凝體物理學」的領域，探索的是無窮盡的可能性，而它的中心就是自我組織與模式。

把同樣的一些舊原子，以新的方法排列在一起，就會得到新的物質，像是使電腦螢幕上出現數字的液晶，或是能導電的塑膠繩。凝體物理學通常都會產生很實用的結果，但是這門物理學其實遠遠不只是應用技術；它探究的，基本上是在我們的宇宙裡可能出現的各種形式與組織。

當然，如果不先了解個別原子和分子的真正特性，物理學家在凝體的研究上也不可能有什麼實質成就。對建構單元，你必須有基本的認識；在社會科學上也是一樣。因此在下面幾章，我們要開始談談「社會原子」，看看做為個體的人在單獨情境中以及和他人互動時，會有什麼行為表現。

過去這二十年來，心理學家對人的行為和決策過程，已有相當程度的了解，而當代科學對於社會原子，也逐漸有更清楚的圖像。在探索這個圖像的過程中，你也將開始更有系統地看到，社會原子如何聚集在一起，創造出流行風潮、社會階級與群眾運動，此外還能了解一些更深層的社會現象，例如相互合作及人類的語言。你將明白，紐約時報廣場經歷過的事，可能和市場力量關係不大，而是與一種**加速社會變遷的群體行為模式**比較有關連；這種群體行為模式不僅存在於人類社會，也存在於動物王國裡。

當然，社會事物和物理事物之間還是有個重大的差別。氫原子就是氫原子，不管是在桌上、恆星上或是在一杯水裡，物理上的原子永遠是一樣的。社會原子就大不相同了——人會改變，會調適，會留意社會組織並且做出回應。

批評「社會物理學」這種想法的那些偉大哲學家，也不是完全沒道理，我們確實都是自己做選擇，而且沒有人能以完美的數學準確度來預測人的行為，不過，如果這只是讓社會現象比物理現象更加豐富而已，那麼兩者在本質上還是一樣的。就像物理原子那樣，我們也一樣遵循了各種模式。

3. 我們是摩登原始人

文化思想的歷史……是一個不斷改變的模式，不受束縛的偉大理念，無一避免地轉變成令人窒息的桎梏，最後走向自我瓦解。

——以撒・柏林[1]，英國思想家

二〇〇〇年六月十日，倫敦的千禧橋開放通行，這是倫敦市中心百年來第一座橫跨泰晤士河的人行橋。很多人扶老攜幼，年輕的上班族以及成群結隊的青少年，都跑出來享受溫暖的夏日陽光，大家都心情愉快，渾然不知一場大禍正悄悄來臨。

下午一點左右，一位警察注意到千禧橋在左右搖晃，好像發生地震似的。當時橋上約有二百人，但並未發生地震。現在我們知道，橋上行人的步伐，會使橋身產生輕微的振動，而橋身的振動又以很奇怪的方式，作用回行人的身上。行人為了保持平衡，適時調整步伐來配合橋身的擺動，不幸的是，行人的動作卻加大了橋身的擺動，因此當橋身的擺動越大，行人調整步伐的動作也越強烈，橋就晃得越厲害，最後橋身左右擺動的幅度各達近十公分，全是由於這種回饋的作用。幸好，當局及早封閉了千禧橋，避免了一場大災禍[2]。

人類社會就像晃動的千禧橋，充滿各種回饋和自我組織的模式，這些模式會設定出各自的條件，使模式自行成長。一九八〇年代中期至後期，個人電腦的擁有者可以自由選用喜歡的作業系統，而現在，你還是有選擇的自由，但自從微軟公司崛起之後，市場的力量會自動把你推向Windows作業系統。現在很多新電腦，一開始就安裝了Windows作業系統，因此大家更容易選用它。

我們越用它，下次就越容易選上它。這個情況有點像與千禧橋同步擺動；或者像一九九〇年代晚期的網際網路股票熱——當時，全世界的分析師都說股票的價格可能高估了二〇%到三〇%，但是投資者還是紛紛買進，使得網路股的股價更高，吸引更多的人跟進；這些行為完全受回饋所控制。

科學家在他們的研究上，能不能避免這種社會回饋作用？很難。一九七〇年代晚期，澳洲物理學家梅伊（Robert May）研究掠食者及獵物間的族群消長模型。他發現，在模型所用的簡單方程式裡，只要改變幾個因子，就會產生劇烈而看似隨機發生的變化。在這之前，物理學家普遍會假設，有複雜的結果，就意謂著有同樣複雜的原因。但梅伊看到的例子（這正是數學上的**混沌現象**）卻指出，許多複雜的事情也許並沒有看起來那麼複雜[3]。

幾年內，物理學家到處都碰到混沌現象，在氣象學上，在股票市場上，甚至在心臟的搏動上，而且每年都有上千篇的相關論文發表，形成物理界的一股風潮。因為混沌是當紅的議題，很容易就有這方面的論文發表出來。光是「混沌」二字，就產生了很大的吸引力。今日，我們了解到混沌在很多領域裡都很重要，但它幾乎並不像以前所想的，是一種改變世界的理論。科學占了這股熱潮的一部分，而社會回饋也占了其中一部分。

不過，可能沒有哪個社會回饋，要比人類社會科學中的社會回饋，力量更強大（甚至更有破壞力）的了。這門科學顯然應該從人怎麼做決策談起，以及從他發現自己在某種情況下該怎麼回應談起。

二百多年前，蘇格蘭政治經濟學家亞當・史密斯認為，人總是追求自身的利益，所根據的基礎就是我們有別於其他生物的思考推理能力。到了五十年前，大約是戰後的年代裡，經濟學家開始圍繞著史密斯的想法，建構出令人印象深刻的數學架構；他們以「理性」做為人類行為的準則，甚至發現一種方法，來證明那些描述人類社會的數學定理。有了如此精密的數學架構加持，經濟學成了所有社會科學的優良典範，而它的**「完全理性」假設**，也變成一種流行的主張。

就像那些想把所有事情都化約成混沌的物理學家一樣，這些經濟學家也想把所有的人類行為都化約成理性的行動，他們表演了很多智力及數學上的特技，想把每件事都納入這個概念框架裡，但是並沒有成功。

一個科學理論的成功或失敗，要看它解釋真實世界的能力好壞，若以這個標準來判斷，大部分的經濟學理論都失敗得很難看，儘管它裡面涉及的數學可能很複雜。幸運的是，有少數的思想家正在重振這個領域，使它緩緩地起死回生。首先，他們為個體建構了一個更切合實際的圖像，不再像經濟學家長久以來所堅持的，把人假設成理性的計算機器，而是視為一個生物個體，個體間有很大的差異性，有更具彈性的「思考本能」。

經濟學的傳統思維方式

對於多數的人來說，「經濟學」一詞意謂著「通貨膨脹」、「失業」，或是電視上不斷談到的「消費者信心指數」這類陳腔濫調。但對經濟學家來說，經濟學是一門探討人們如何做決策的基礎科學；為什麼決定買保時捷而不買福特，決定辭職或組個家庭。我們人類最重要的，是天生具有獨特的推理能力，不像別的動物只是本能的奴隸。

經濟學家認為我們對任何潛在的行動，都會很理性地衡量它的成本與效益。如果有三家銀行給的利率都不一樣，你會選擇利率最高的那家銀行去存錢，除非別家銀行提供其他的好處，譬如免手續費的支票存款帳戶。

在經濟學家的理論裡，習慣把所有的人都當成像高騰（Francis Galton）這樣的樣板人物。高騰是十九世紀的英國統計學家和發明家，總是戴著一頂高帽子和一隻附鏈條的單片眼鏡。他一生都忙著蒐集資料、進行各種度量與計算，甚至還做了一些實驗，看看祈禱是不是真的有效（他的結論是沒什麼用）。另外，高騰也編纂了一張巨細靡遺的表，上面詳細記載著一個歐洲旅人在「蠻荒」之地可能碰到的問題及答案。如果你想做個木筏，該用什麼樣的木材？可以參考高騰在一八七二年寫的一本書《旅行的藝術》，他在書中列出了赤楊木、梣木、山毛櫸、榆木、冷杉木、橡木、落葉松、松木、白楊木和柳木等木材的浮力大小[4]。

而更重要的是，高騰是個善於思考的人，是個「理性」的人，喜歡接受任何心智上的挑戰。最近五十年間，經濟學家一直主張，我們基本上都是像高騰這樣的人。

例如在一九六〇年代，哥倫比亞大學的經濟學家貝克（Gary Becker）就曾主張，罪犯可能並不是社會適應不良或有道德缺陷，而很可能是經過深思熟慮之後，決定犯罪是他們的最佳選擇；對一個缺乏謀生技巧的人而言，偷車子或飛車搶奪婦女的皮包，可能比找份工作更輕鬆、更有利。依照貝克提出的**「理性選擇」理論**，犯罪只不過是另一種生涯事業的形式，罰金和坐牢也包括在他們計算的可能成本之內。

貝克後來更進一步的發揮；在數十年內發表的一連串著名論文中（他以此獲頒諾貝爾經濟學獎），他堅稱自己的理性選擇理論幾乎可以解釋人類所有的行為。他認為，不管是換工作、結婚、離婚或做任何事情，人們是從一堆其他的選項裡，做出最理性的選擇，因為它的結果最好。

為什麼人要生小孩，並且花很多時間和金錢把小孩養育成人？你可能認為是出於愛、情緒或生物本能，但貝克的理性選擇理論卻指出，父母親其實是很明智地在投資自己的未來，希望將來從孩子身上，得到比投入更多的回報。貝克的結論是：「他們投資在孩子教育和技能上的錢，得到的報酬率會高過把錢存在銀行裡。養兒可以防老，在孩子身上的投資等於間接為老年儲蓄。」[5]

根據貝克所稱的這種「經濟思考方式」而建立起來的理論，還進一步暗示，人們不但會試著做出理性的決定，而且也具備了容量無限的心智能力，可以毫不出錯地做各種決策。

有個典型的例子，也是現代經濟學的核心，叫做「儲蓄的生命週期理論」。如果你年滿四十，而且每年賺六萬美元，那麼你未來會花多少錢，存多少錢？這類問題的解答，對於研究人們長期儲蓄了多少以及每年的花費有多少，是非常重要的。

在大部分的模型裡，經濟學家都假設人們決定存多少錢是完全理性的；每個人會評估自己未來每年的收入，然後進行非常複雜的計算（要做這種計算，很可能需要借助電腦），最後再決定他今年該存多少錢，好讓他在有生之年，可以有很平均的生活費可用——這種模型不僅假設所有的人都是理性的，而且是完全理性，會根據正確而徹底的計算來做所有的決策。這就是傳統經濟學的想法。

就我個人來說，我知道自己經常犯錯，常有一些愚蠢的想法，有時會偷懶，有情緒性的反應。如果你像多數的人那樣，也會有同樣的問題。一般人常在怒氣、愛戀或惡念之下採取行動，很少做或甚至不做任何計算。

在這一章裡你將會看到，事實上有大量證據顯示，**我們沒有一個人是生活在經濟學理論所依據的理性理想中**，而且大部分的經濟學家，也不認為大家真的是依據理性來採取行動[6]。儘管如此，理性假設仍然是現代經濟思想的中心。有兩個理由說明為什麼是這樣。

密西根大學的政治學家愛梭羅德（Robert Axelrod）認為，經濟學家之所以堅持採用理性的觀點，有個非常簡單的理由：如果沒有這個假設，經濟學家就不知道該怎麼做了。人類行為是豐富而多樣的，但如果我們假設每個人都是完全理性的，這樣所有的人就是一模一樣了，而想研究人類在任何情況下會做什麼事，就成了一個數學問題，可以用邏輯來推論。

愛梭羅德說：「我的看法是，理性選擇這種研究方法成為主流的原因，並非學者認為它是切合實際的……其實這種假設的不切實際，甚至還損害了它大部分的價值。理性選擇假設的真正優點，在於它允許了各種推論。」[7]理性使我們有可能靠邏輯推理來建立理論，而不是依賴煞費苦心的觀察。

經濟學家特別喜愛「完全理性」的第二個原因，無關乎科學研究本身以及它可能面臨的困難，而是因為經濟學家也是人，受到社會回饋的機制所支配。經濟學家也跟一般人一樣，有子女、有房子、有事業，而如果研究經濟理論和社會理論的其他人，都採取理性選擇的研究取向，它就自然而然成為判斷研究工作品質的依據。

從一九七〇年代到一九九〇年代，經濟學家使用的模型裡，人類行為越來越理性。芝加哥大學的經濟學家泰勒（Richard Thaler）說：「這一行的審美觀變成這樣子：如果模型A裡的代理人，比模型B裡的代理人更精明，那麼模型A就優於模型B。」[8]如果你的研究，由於用了完全理性的代理人而得到更高的評價，那為什麼不用呢？

有些經濟學家甚至承認，他們的論文已經受到這項因素的影響。幾年前我讀過一篇論文，作者就認為，就算有個別的經濟學家知道「理性選擇」的想法有問題，還是照用吧，放理性些比較好。畢竟它還是主流，擁護者的處境會比攻擊者要好。

你可以說它是國王的新衣，或說它是紙牌堆成的房子，不管怎樣，**以理性為核心的經濟學方法可能再也經不起考驗，事實上已經站不住腳了**。有些經濟學家還在做最後的努力，辯稱經濟學不一定要反映真實世界，而是可以把它「界定成」是在研究一群完全理性的人和另一群完全理性的人的互動，使整個領域成為數學的一支。

幸好有些經濟學家已經站出來，轉而研究一些可能可以實際應用於真實世界的概念。他們的研究已經證明，與其把理性選擇理論當作一個社會科學理論，還不如當作一種社會現象要來得有趣。

這裡面有三個重點。第一，事實證明有時候不管多努力，人就是不可能理性。第二，就算人能夠理性，但通常絕大部分都是不理性的。第三，理不理性都沒什麼關係，因為除了理性之外，我們還可以靠著其他方式來做決策，而且和靠著理性所做的決策選擇一樣好，甚至更好。

猜猜看遊戲

一九八七年的某一天，英國的《金融時報》出現了一則奇怪的廣告，邀請看報紙的銀行家與企業人士參加一個猜猜看遊戲。想參加的人，要從0到100當中挑一個整數寄回去。如果你挑選的數字最接近所有數字平均值的$^2/_3$，就是優勝者；倘若有很多人都挑中了同一個數字，會抽籤選出一位優勝者。獎品是兩張倫敦到紐約的協和客機頭等艙來回機票，價值超過一萬美元。

假設你參加了，你該選哪個數字？根據傳統經濟學，你的選擇是理性的。但是該怎麼選，才是理性的呢？

顯然你並不知道別人會選什麼數字，因此想要做理性的選擇，稍有困難。開始的時候，你只能大概猜測一下。或許別人選的數字，是隨機分布在0到100之間的數字，這樣子，整體的平均值會是50。那麼33就是個適當的選擇了，因為33剛好接近50的$^2/_3$。你可以把這個數字寄回去，希望自己得獎。但如果你再稍微思考一下，就會發現有問題：要是別人都和你想得一樣呢？

如果大家都這樣想，選的數字就是33附近，這時平均值就不是50，而是33了。因此，你該挑選22才對，它是33的⅔。於是，你可以選這個數字寄出去——或是順著同樣的思維再想一想。如果別人所想的也和你一樣，平均值就變成22，所以應該選15；但如果……。

你越考慮，挑選的數字應該就越小，因此真正的問題變成，你應該停在什麼地方？順著相同的邏輯往下推論，你會推想別人可能都選很小的數字，甚至可能是0，而這個數字的確是很合適的答案，因為0的⅔也是0。結果，理性的經濟學家應該會選0。但其他人也會選0嗎？

這個奇怪的遊戲，是芝加哥大學的泰勒設計的。當他把參賽者寄回的數字都列出來之後，發現果然有少數的人挑0，有些人選了33和22，可見很多人用邏輯推理了一、兩步。全體的平均數是18.9，所以選13的人獲勝。

泰勒的遊戲有個重點：它明白指出，理性經濟學所說的個人行為，和實際的個人行為有明顯的差別。「人們應該會選0」的想法，是來自經濟學傳統的一部分——賽局理論，這個理論談的是理性的人在競爭中如何做出最佳行動。

一九五〇年代，數學家納許（John Nash，電影「美麗境界」的劇中主角）證明了，在很多情況下，一個理性的人如果知道競爭對手也是理性的，那麼他總會有「最佳」的策略可以運用。換句話說，根據賽局理論，泰勒的遊戲（賽局）的最佳策略就是選擇0；如果每個人都是完全理性的，他們都將選同樣的數字，而0是唯一等於平均值$\frac{2}{3}$的數字。

問題是，**一位理性的經濟學家在賽局裡卻是個輸家**，就這一點而言，他實際上並不算理性，也不夠聰明。真正的問題是太天真了，特別是關於人類行為的特質。

一個經濟學家自己當然可以盡量保持理性，但他並不能控制別人要怎麼做。這場競爭賽局並不是個純數學的問題，因為它的答案和參加的人實際選擇的數字有關，而大家選擇數字的理由可能千奇百怪。結果，屬於理性一族的賽局理論，變得不再那麼重要，而真正重要的是，**我們每天都會碰到類似於泰勒賽局的競爭情況，覺得光靠推理和邏輯根本應付不了真實的世界**。

每天早上開車上班時，你總是希望選一條比較少人走的路，這樣子就可以避免擁擠的交通狀況，但別人也這麼想。結果，每個人都想做別人不想做的事——老實說，這是不可能的，因為我們沒有辦法看穿別人的心思。

再來想想買賣股票這件事，它牽涉到的錢可不小，所以你或許覺得在這件事上，理性行動一定會成功。但並不盡然。有個舊式的經濟學論點，認為股票價格一定會反應出它的合理價值，因為投資者是非常理性的，當股價被低估的時候，就會買進股票，使股價上漲，若股價被高估，則會賣出股票，使它跌到合理價位。理性投資人之所以會這麼做，是因為在這個過程中他們可以輕鬆賺錢。

不過事情並沒這麼簡單。假設有些聰明人發現某檔股票的價格偏低，為了輕鬆賺錢，他們會設法買進這檔股票，然後留在手上等股價上漲到應有的價格再賣出，以賺取利潤。但就像泰勒賽局裡的理性經濟學家，他們對股票的看法可能是對的，對人則未免太天真了。那些完全沒有足夠資訊或知識的非理性投資者，可能毫無理由地就認為這檔股票不好，因而繼續賣出，使股價更低。

由於股市的表現是由多數人的想法和信念來支撐的，因此一個完全理性的投資者也可能賠本。在股市裡要堅持理性，反而是一件很奇怪的事。如果有很多人都開始認為，克利夫蘭的氣溫會影響股市，它就真的會影響，這時候，聰明的投資者在買賣股票之前，最好先看一下克利夫蘭的天氣預報，不管這件事多麼「不理性」。說穿了，理性只是一種（原則上）可適用於某些時候的工具。9

對於那些還想保全理性選擇理論的人來說，更進一步研究探討下去，情況只會更糟糕。稍後你會發現，有些時候，進行邏輯判斷之前需要做的簡單計算，連小孩都會算，但我們很多人反而不會。我們似乎生來就會出錯。

失誤是我們的本能

假設我告訴你，一顆棒球和一支球棒加起來總共1.10美元，而球棒比球貴1美元，那麼球是多少錢？這個題目顯然不需要複雜的計算技巧，難度跟小學生在課堂上經常演算的題目差不多。

但是，幾年前麻省理工學院的心理學家弗德烈克（Shane Frederick），拿這個題目去問一些普林斯頓大學和密西根大學的高材生，而且他給學生足夠的時間作答，結果，普林斯頓和密西根分別有百分之五十和百分之五十六的學生回答說球棒是1美元，而球是0.1美元（也就是10美分），但正確的答案應該是球棒1.05美元，球5美分。

第一次碰到這個題目的時候，幾乎每個人都有脫口說出「10分錢」這個答案的衝動。不知為何，很多人就是有這種感覺。在視覺上，看到1.10這個價錢，我們很自然地會把它分成1和0.10兩部分，而這兩部分的差額，似乎也很接近題目裡說的數字。對我們的頭腦來說，0.1美元這個答案似乎是很「自然」的。這是直覺的反應，而要找正確的答案，反應的時間會稍微久一些。若用不同的方法來問這個問題，譬如我告訴你，球棒和球一共1.10美元，而球棒值1.05美元，你的直覺就不會出錯了。

關於這個實驗，顯然沒有什麼「理性選擇」的解釋；過去十年來，心理學家及富於實驗精神的經濟學家所做的數百個同類實驗，也都無法如此解釋。想要解釋，你得另起爐灶。普林斯頓的心理學家康納曼（Daniel Kahneman）提出的想法，為這類問題提供了一扇門。

康納曼認為，我們的心智運作其實包含了「兩個系統」[10]，只有一部分是理性的，在這部分，我們能以邏輯為基礎，有意識地處理資訊；它的過程緩慢，一步接著一步，而且必須集中精神，全神貫注。不過，這個理性而工於計算的心智，卻架在另一個更「本能」的心智之上，這個本能的心智是快速、自動而難以控制的。我們的本能心智把1.10分成1和0.10，快速掌握關鍵細節，然後以一種「先說了再問問題」、不需要任何「理性」分析的行事風格，說出答案。

康納曼是把經濟學從理性的錯覺中慢慢解開的帶動者之一。在一九七〇和一九八〇年代，康納曼和已故的特維斯基（Amos Tversky, 1937-1996）共同合作，探索了很多的簡單情境，看看人們的思考本能如何影響資訊的接收與使用，以及聰明的人如何有系統地偏離經濟學家的理性理想。

比如說，他們發現，「框定」或呈現一個問題或情況的方式，會顯著影響人們的處理方式。如果病人聽到醫師說，某項危險的手術「有九〇％的成功機率」，而不是「有一〇％的失敗機率」，那麼病人會比較願意接受這項手術。

不同的框定方式，也會讓你對同一筆錢的價值，有不同的判斷。假設你去買一片值十五美元的CD，但店員告訴你，在兩分鐘路程之外的另一家分店正在大減價，同一張CD會便宜五元，有很多人會決定走兩分鐘，省五元。但研究顯示，商品換成價值一百二十五美元的皮夾克時，同樣這些人當中有許多人就懶得為這五元跑到另一家店。從理性的觀點來看，五元就是五元，然而我們的本能心智並不同意，它判定某種情況下的五元比較值錢。

這當然是完全非理性的，但這就是人性。如果我們從這些簡單的問題，轉換到那些躲在生硬統計數字背後的問題，情況更糟糕。

舉例來說，現在對愛滋病毒（HIV）的血液篩檢已經相當準確；如果一個人本身就是愛滋病患者，檢驗結果（即「HIV呈陽性反應」）的準確度是九九．九%，而如果某人並沒有感染愛滋病，檢驗結果（HIV呈陰性反應）的準確度更高達九九．九九%。現在，若在美國的街頭隨便找個人，為他做HIV篩檢，如果得到的結果是陽性反應，那麼他真的是愛滋病帶原者的機率有多大？

問這個問題的人是不是頭殼壞掉？這個人九成九是帶原者，對吧？錯！正確的答案是二分之一，只有一半的機會。

如果各位沒有答對，倒不必難過。德國蒲郎克研究院的心理學家吉格倫澤（Gerd Grigerenzer）用同樣的問題問了好幾百個人，從學生到數學家和很有經驗的醫師。甚至連專家都答錯。舉例來說，他發現有大約百分之九十五的大學生答錯，而受過這類專門訓練的醫師，也有百分之四十答錯[11]。由此可見，問題出在我們的思考本能。

如果你跟一般人一樣，事實上你的本能心智已經介入，因此你並沒有看出我**其實還沒有給足夠的資訊**，讓你做理性的判斷。要做出理性的判斷，你必須知道，從街上「隨便選」的一個人（就像這個問題一開始所說的那樣），**其實非常不可能是愛滋病帶原者**，因為非高危險群的美國人當中，只有○・○一％感染了愛滋病毒（愛滋病的高危險群包括了男同性戀、靜脈注射毒品的使用者等）。

意思就是說，隨機選到的這個人**有**感染病毒、**並且**（幾乎確定會）**檢驗出**陽性反應的機率，也差不多是○・○一％，而這和一個人**沒有**感染病毒、**卻檢驗出**陽性反應的機率，是一樣的。因此，「陽性反應」這項結果對或不對的機率，正好一半一半。

如果你還是覺得迷迷糊糊的，那麼不妨用實際的人數來代替機率。想像一下，現在有一萬個顯然不屬於ＨＩＶ高危險群的普通人，接受血液檢驗。從帶原人口比例（每一萬人中約有一人）來看，這些人當中可能有一人是真正的帶原者，而檢驗的準確度很高，因此這個人幾乎確定會檢驗出陽性反應。其他的九千九百九十九人，都沒有愛滋病毒。

但因為檢驗並不是絕對準確的，在一萬次的檢驗中會出現一次假陽性，所以這些人當中可能有一人也會檢驗出陽性反應。（愛滋病檢驗出假陽性的機會，要比檢驗出假陰性的機會高多了。）

歸納起來，在一萬人當中，大約會出現一位真正的帶原者，以及一個假陽性的檢驗結果——檢驗呈陽性反應的人真是愛滋病患的機會只有五〇％。

大體而言，並不是我們不夠理性，只是**我們的慣常行為背離理性**。很多經濟學家喜歡把這種背離說成是「異常」狀態，但如果進一步思索，我們的思考本能事實上一點也不異常。在人類歷史的脈絡中，這種背離是十分有意義的。

現代的頭骨，石器時代的腦子

理性選擇的問題是出在，它把人類的腦子當成是一種全方位的電腦，而各位，也就是電腦的主人，可以設定自己喜歡的任何事情。但**大腦並不是全方位的電腦，它做起某些事來，硬是比做其他事要輕鬆**，例如我們可以一眼就認出五十公尺外一位朋友的背影，但要計算223×57這樣的數字相乘，卻要費一番手腳。

再想想我們的心臟，它是一個精巧的幫浦，可以把血液送往全身的動脈和靜脈；但它可不是全方位的幫浦，如果要用它把油送入汽車引擎，就太勉為其難了。心臟是演化過程設計出來的，有特定的功能，人腦也一樣。

大腦是經過數百萬年演化而來的產物，在它的結構和功能裡，還遺留著所有歷史過程的痕跡。它並沒有演化成解決數學問題、開車或判斷金融投資風險的器官，它當然也沒有演化出能夠看穿複雜統計推理迷霧的本領。人類大腦的演化結果，是協助我們的祖先解決問題，而他們生活的世界和現在大為不同。

當我們要了解人這種「社會原子」時，最重要的一點是必須了解，在百分之九十九的人類歷史中，我們的祖先生活在一小群逐水草而居的狩獵採集者之中，人數大約是十來個。正如人類學家圖比（John Tooby）所描述的，他們「一生的時間都在進行露營之旅」，以採集植物和打獵為生[12]。演化的機制，偏好那些能協助人類祖先解決迫切日常生活問題的大腦，能應付打獵、覓偶、繁衍後代、辨認誰可以信任而誰可能是危險份子的大腦。

我們現今碰上的各種外界條件，和以狩獵採集為生的祖先所面對的條件完全不同，但我們的大腦還沒有足夠的時間適應，因此在處理現代世界的問題上，人腦就會遇到麻煩，而這也導致了一些奇特的狀況。我們的祖先很怕蛇，因為在濃密的非洲熱帶森林裡，蛇是致命的危險。

時至今日，還是有很多人非常害怕蛇和蜘蛛，但幾乎沒什麼人害怕電線插座或騎摩托車，然而一般來說，後面這兩件事的風險更高。我們的大腦是有特殊功能的資料處理器，它設計來協助我們運用思考本能，應付祖先們生活的世界。就像圖比說的，「人腦就是會使某些推論顯得容易、毫不費力而自然，就像蜘蛛生來會結網一樣。」

人的行為裡面還有一個很奇怪的習慣，就是「損失趨避」（loss aversion），也就是規避損失的傾向。理性的看法認為，人們對賺十元的喜悅與損失十元的嫌惡，程度應該是一樣的；既然得與失的價值相等，情緒上的好惡也應該是對稱的。但其實不然。

例如有個電視節目，叫做「誰要做百萬富翁」，我們看參加者的決定，就知道前面的說法是正確的。在節目裡，參加的人會面臨一連串的選擇題，直到答錯被淘汰。每過一關，參加者的獎金會加倍，但也可能損失同樣的金額。

幾年前，英國女皇大學的經濟學家拉諾特（Gauthier Lanot），分析了英國同類型節目中五百一十五位參賽者的行為。總共只有三位參賽者堅持到最後，得到一百萬英鎊，大約有三分之二的參賽者，在贏到某個程度之後，就放棄繼續，而只有三分之一的人決定放手一搏，答錯被淘汰。研究者的分析指出，本來應該有更多的人有機會贏得一百萬，而且參賽者抱回家的獎金也應該更多才對——如果他們都放手一搏的話。

好玩的是，有研究人員在實驗室裡的靈長類身上，也發現了損失趨避的心理。在耶魯大學，心理學家桑托斯（Lawie Santos）和經濟學家凱斯．陳（Keith Chen）曾用僧帽猴做實驗，讓它們玩很多賭博遊戲，用損失或獲得一顆葡萄來代表潛在的輸贏。結果顯示猴子也非常不喜歡潛在的損失[13]。

因此，談到人類的行為和決策過程，**理性並非最終的答案**，而這沒有什麼好奇怪的。本能大腦的行動，常會取代理智，而讓我們的理智誤以為自己是掌控者。在這方面，最有名而且很受爭議的一項實驗，是心理學家萊貝特（Benjamin Libet）在一九八〇年代做的實驗[14]。

萊貝特和同事讓志願受試者做一些很簡單的活動，譬如按按鈕，他們則利用電極，來監視受試者大腦皮質的神經活動。在特定的時間內，受試者可以隨自己的心意，高興按鈕就按鈕，並且要記錄自己產生按鈕衝動的那一刻的時間。研究人員發現，受試者普遍會在產生衝動之後大約五分之一秒（二百毫秒），實際按下按鈕。

真正令人驚訝的是，監測顯示，在實際按下按鈕之前約半秒鐘（也就是五百毫秒），也就是受試者產生按鈕衝動前的三百毫秒，大腦就已經開始活動了——這似乎完全扭轉了我們對大腦運作的想法：意識做出決定，送出命令，然後身體做出反應。但萊貝特的實驗卻顯示，具有意識的決定，發生在受試者的大腦已經開始運作要去按鈕之後；至少在這個實驗裡，**控制行動的並不是大腦的意識**。

結論是，我們應該很認真地看待康納曼所說的「兩套系統」。當我們初次碰到一個全新的情況，我們的本能系統（直覺）會做出即時反應；在這種時候，我們只是個摩登原始人，藉著祖先遺傳下來的心智工具來應付問題。稍後，我們的第二套心智，才開始緩慢地、猶豫地、沒什麼把握地推敲到底是怎麼回事。

「完全理性」並不存在於我們的時間和空間裡。人不會是完全理性的。所以，把人視為理性的自動計算機器，當然是有問題的。我們只是人類演化長河的一小部分，是披著現代外衣的狩獵採集者，有敏銳的本能思考力和薄弱的計算能力。

建構更好的理論

直到不久前，傳統經濟學仍被大家認為是了解人類社會的適當架構。如今，心理學界、演化生物學界和經濟學本身的研究學者，已經領悟到了自己過去一直活在一個共同的幻想之中。

十年前，政治學家福山（Francis Fukayama）可以寫道，以理性選擇觀念為基礎的盛行經濟學理論，「大約有百分之八十是對的」[15]；**現在，倒像是有百分之八十錯了**，即便我們只考慮那些以理性行為當作主幹而產生的問題（在後面幾章，我們會討論一些更嚴重的問題）。但這本書的最終目的，是要為人類社會建構一個更好的理論，而不是一味的否定。因此，我們先來好好描述一下「社會原子」。

概略說來，康納曼提出的兩個系統，分別代表和人類行為（至少是指人類想解決問題時會做的作為）有很大關係的兩項原則。

第一，我們並非理性的計算機，而是精明的賭徒。

直覺、情緒、猜疑——這些傢伙是哪裡來的？是來自我們腦袋深處的狩獵採集者，他們看事情、感覺事情的方式與我們的意識不同。我們之所以會活在今天，是因為人類祖先在他們的行為裡內建了一組簡單的決策規則，而這組規則的效果還不錯，足以讓他們存活下去——但這些規則和理性計算並沒有什麼關係。我們也一樣。高騰的理性精神，在我們的心智中似乎只占了一小部分，其他部分都是由古老的本能心靈來支配，迅速做出殘酷的判斷，沒有什麼時間去管細微末節。

第二，我們是有適應力的機會主義者。理性思維就算並非經濟學家過去所想的那麼重要，也不是完全不重要。我們的部分心智確實會以邏輯推理的方式運作，使我們避免因為本能而惹出大麻煩來。即使如此，真正使我們的理智發揮強大作用的，並不是邏輯，而是我們的適應力——先根據某項規則、想法或信念走一小步，看看會有什麼結果，然後再調整。

理性思維本身，通常就意謂著一種嘗試錯誤的心理過程：首先猜一下，接著做做看，然後朝著較佳的答案前進。智慧的真正祕密就是，能夠採取簡單步驟，並且邊學邊調整。不知道解決之道，沒關係，先試再說，跟外界互動之後，你就會學到一些東西。甚至連理性都是一種經驗過程。

在下面各章，我將常常回到這些簡單的規則。這些規則所描繪的人類行為模式，並沒有與其他的自然世界脫離，同時它們也提供了一個基礎，讓我們可以開始了解「社會物理學」。我們將很大膽地從金融市場開始，這部分應該是傳統經濟學最牢固的地盤。

4. 洞悉市場的走向

人在複雜或不確定的情況下，如何進行推理？現代心理學告訴我們，人類的邏輯推理能力只算得上是中等程度，而且僅只做了適度運用。不過我們辨認模式或配合模式的能力卻超強，這在演化上顯然是非常有利的行為。我們習慣在複雜的問題裡尋找模式。

——布萊恩・亞瑟[1]，經濟學家

一九九二年十二月，所羅門兄弟（Salomon Brothers）管理公司的前副總裁梅利威瑟（John Meriwether）開始編組一支金融夢幻團隊，準備進入市場廝殺。在近三十年的生涯裡，梅利威瑟是公認的證券交易高手及傑出的金融工程師。他後來的經歷證明了在這一行裡，老手與菜鳥都是一樣的。

從一開始，梅利威瑟的行動就很大膽。他聘請了兩位諾貝爾經濟學獎得主，修斯（Myron Scholes）和莫頓（Robert Merton），發展出一套非常棒的數學理論，讓分析師能夠替非常複雜的「衍生性金融商品」計算出正確的價格。所謂衍生性商品，其實是一種交易契約，例如讓契約的持有人可以在明年，以今天的現價來買某檔股票。這種契約也可以買賣，就像買賣一般的股票那樣。但是一份選擇權契約值多少錢呢？這裡面就另有玄機了。

在理想情況下，一家公司股票的價格，應該能正確的反應出該公司的經營狀況、獲利能力和配發股利的水準。而選擇權契約的價格，除了和標的股票的價格有關之外，還和簽約時到明年的這段期間內會上漲或下跌的判斷有關。但莫頓和修斯（後來還有另一位經濟學家布萊克（Fischer Black）加入）卻展現出數學的威力，把其中的不確定度縮小，使交易員對相關股票的價值有非常準確的判斷依據[2]。

有人就曾經表示，這個美妙的理論，對證券的交易與投資而言，就像「阿波羅太空計畫對月球探險」一樣重要，它後來直接引爆了一九八〇年代衍生性金融商品交易的蓬勃發展。因此，當梅利威瑟把這些金頭腦和華爾街奇才結合在一起，成立一個新的對沖基金——長期資本管理（ＬＴＣＭ）時，他對自己在幹什麼可說是心知肚明。他們想在「沒什麼效率」的全球證券市場裡，榨出一些幾乎是零風險的利潤。

在開始募集資金的階段，梅利威瑟並沒有碰上什麼困難。而最初的一九九四和一九九五這兩年，基金的淨回收利潤超過百分之四十。接下來幾年，事情更加順利，到一九九七年十一月為止，ＬＴＣＭ為投資者創造出非常豐碩的成果，超額資金高達二十七億美金。到一九九八年初，ＬＴＣＭ已經把它的資產組合增加到一千三百億美元。對市場分析師來說，**ＬＴＣＭ好像發現某種祕密，可以毫無風險地從市場榨出錢來**。

但之後就出現了可怕的大錯。一九九八年九月，全球證券市場出現「非預期」的損失，部分是由於俄羅斯延期償還債務，導致ＬＴＣＭ的價格損失超過了百分之九十。由於ＬＴＣＭ借了一千二百五十億美元的債，它的虧損已經對全球經濟造成不小的震盪。為了避免這個事件對金融市場造成更嚴重的骨牌效應，紐約聯邦儲備銀行出面籌措三十六億美元，協助紓困。[3]

到底是哪裡出錯？在考慮一些事件的前因後果時，哲學家、歷史學家和其他相關人士，總喜歡把事情分成「近因」和「根本原因」兩類。如果汽車衝出橋面，掉落山谷，駕駛死亡的近因可能是車子和谷底的撞擊，但是如果大家都知道，這位駕駛素有酒後開車的習慣，那麼造成死亡的根本原因就是他的壞習慣；這個習慣遲早會令他車毀人亡，只是不知道會發生在何時何地。

在LTCM這個例子裡，使它崩盤的近因當然是俄羅斯不尋常的財政困難，這件事不是任何人可以預見的。LTCM內部的人，把摧毀他們毫無缺點的設計及美妙管理技巧的這次事件，比喻為「百年來僅見的搞怪風暴」。

但事件的根本原因何在？在三十多年前，就有數學家提出一項奇怪的發現：在各種各樣的金融市場中，不管是紐約證券交易所，或是德國的法蘭克福證交所，都傾向發生非預期的大幅波動。

諷刺的是，LTCM雖有非常複雜的數學理論，卻似乎沒有適當地考量到這個部分。看來，就算俄羅斯沒有發生財政危機，LTCM遲早也會毀於別的金融危機。事實證明，**搞怪的金融風暴出現的頻率，並不是我們想像的那麼罕見**，要徹底認識根本的原因，其實就是在對付由我們的學習能力與適應力集體產生的後果。

「厚尾」現象

假設今天原油的價格是每桶六十四美元，那麼在一個月後，油價會是多少？看到這個問題，你考量到的可能是國際政治局勢，或烏克蘭境內輸油管的最新狀況。但不管怎樣，確實的價格是沒有辦法知道的，這是統計學的問題。

回答這類問題的傳統方法，在一百多年前就有人提出來了，而奇怪的是，提出者是一位法國數學家，巴榭里耶（Louis Bachelier）。他在博士論文中提到，如果你針對每日、每月或任何時段，記錄期間任何股票價格的變化，你將會發現這些數字都落在所謂的**「鐘形曲線」**上（見次頁圖四）。

股票價格變動會有一個平均值，也就是曲線中央的高峰，它也是最常出現的數字。接著，在高峰兩側的曲線迅速下滑，就表示劇烈的價格變動很少出現（不管是漲或跌）。從智

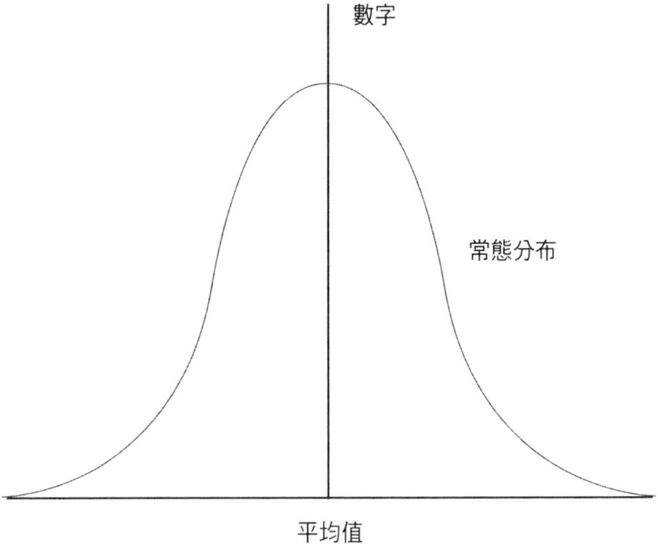

圖四

商分數到擲骰子的點數，很多事件都符合鐘形曲線，也由於自然界裡事物的運作方式「通常」看似如此，數學家就把這種分布狀態稱「常態」分布[4]。

巴榭里耶的思路是很明白的——金融市場價格變動的情形，就和其他事物一樣。現代經濟學家向來都遵循巴榭里耶的觀點，只是稍微更進一步分頭闡述其中的邏輯而已。

就像我們在前一章談到的，如果人的行動或多或少是理性的，股票的價格不應該偏離合理價格太遠。如果某檔股票的價格變了，一定是因為有「新的資訊」衝擊市場，也許是公司的管理階層有大幅更動，或者是發現了新油田。這些事是不可能預先知道的，而當有許多新的事件在進行時，各種新的資訊會透過不同的管道和來源進入市場，對不同的人產生不同的影響，產生的股價變動應該就會符合鐘形曲線[5]。

從這裡我們得到一項結論，就是價格通常都是「隨機游動」的，以很小的幅度起起落落。如果某一組事件或研究對象符合鐘形曲線，你很難碰到離平均值很遠的值。

就拿普通人的體重為例，你可能碰到許多重七十公斤的人，偶爾也碰到超過一百三十公斤的大胖子，但絕不可能有人重九百公斤。對於價格的變動，不管是原油、小麥、汽車或任何物品，依據鐘形曲線勾勒出來的圖像，只可能會小幅度的起起落落，如〇．五％或一％，不太可能在一天之內發生巨幅的變動，比如一〇％到二〇％。

在巴榭里耶所描繪的圖像裡，價格的變動是隨機的，很像實際的股價，因此他的理論似乎有點道理，以致於一直沒有人用真實的金融市場數據來檢驗他的理論。直到一九六三年，另一位法國數學家曼德布洛特（Benoit Mandelbrot），發現了一項令人震驚的結果。

在ＩＢＭ做研究的曼德布洛特，研究的是芝加哥商業交易所的棉花價格。他記錄下每天或每週價格的差異，計算出不同程度價格變動的頻率，然後畫出圖形。他得到的模式有點像鐘形曲線，不過有一項很重要的差別，就是曲線「尾巴」降到零的速度慢了很多（見圖五）；用專門術語來說，曼德布洛特所發現的模式稱為**「冪次法則」**（power law，或譯作冪次定律）。

當時，這件事的重要性在於，這條曲線下降得這麼慢，表示極端的事件並不像常態分布預期得那麼罕見[6]。四十年後，我們發現原油、肉品或股票的價格，都是同樣的情形；在紐約證交所的個別公司股價，或者在著名的史坦普500股價指數，也有同樣的狀況[7]。你也

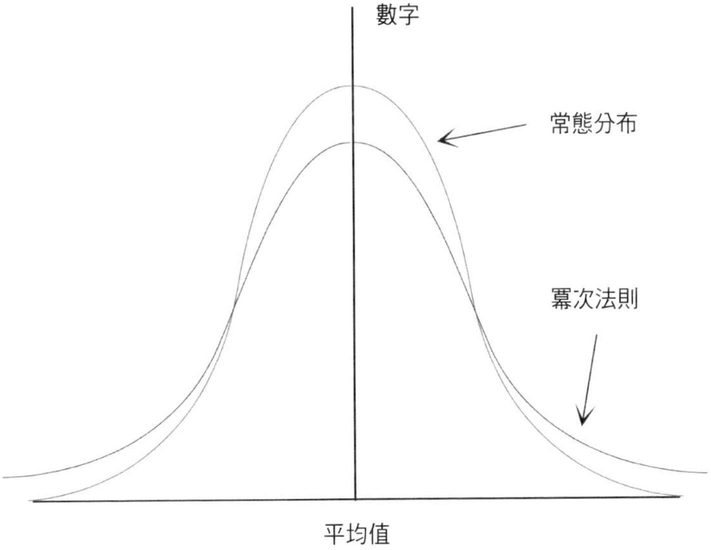

圖五

會發現在別的股市裡[8]，在日本或是德國，在外匯市場[9]，在債券市場，同樣的事都一再發生。壓倒性的證據顯示，**在各種類型的金融市場裡，極端變動出現的機率遠比常態分布預期「應該」出現的機率，高了很多**。

沒有任何經濟或財金理論，能合理解釋這種現象。有個流行的想法是，最劇烈的價格變動可能只是肇因於「外在衝擊」，像是使人心動搖的事件，如九一一恐怖攻擊，或是政府或大企業的醜聞。

這些事件當然會撼動市場，使得價格大幅變動，但這種一般性的說法仍然無法洗清疑點，因為有很多次的巨幅震盪，似乎並沒有什麼大事發生。在一九九一年，一群經濟學家研究自第二次世界大戰以來，美國單日市場價格變動最大的五十次，發現其中很多都發生在沒什麼重大新聞的日子[10]。

因此，「厚尾」之謎仍然存在，這令經濟學家相當困擾。對於學術圈外，這個謎團也很有吸引力。莫頓、修斯和LTCM的其他金融高手曾經估算過，他們有多大的機會撞上市場的巨大震盪，但他們用的是「平常」的統計學，而這正是經濟學家理性信念的產物。

鐘形曲線預測，大的市場波動差不多每五百年才會發生一次，然而真實世界的數據卻提供了更可靠的估計：**大約每五年就會發生一次市場大波動**；對LTCM的交易策略來說，這麼高的發生頻率實在是始料未及的。

我們該如何理解厚尾現象呢？正如我在前一章結尾提到的，「社會原子」的基本行為特質之一，就是依照簡單的規則行動，同時又得益於快速的適應力。這並不是什麼新鮮事。但是當很多人聚集在一起時，這種適應力的結果並不容易看出來。把這種見解帶進市場理論，正好可以用來說明曼德布洛特發現的神祕現象。

今天上酒吧嗎？

一九九二年夏天，愛爾蘭音樂家卡提（Gerry Carty）每星期二晚上，在美國新墨西哥州聖塔菲的艾法洛（El Farol）酒吧現場表演。那時候，史丹福大學的經濟學家亞瑟（Brian Arthur）正好到聖塔菲研究院任職，聖塔菲研究院是一個剛成立幾年的跨學門科學研究中心，地點就在艾法洛酒吧的同一條街上。亞瑟喜歡聽音樂，也喜歡在酒吧喝兩杯，因此常常在裡面消磨時間。在酒吧裡，他剛好碰上令人好奇的社會謎團。

亞瑟喜歡適度的熱鬧，如果酒吧裡人雖然多，但還有幾個空位，他就玩得很開心。但有時候酒吧裡太過擁擠，熱得令人喘不過氣來，同時又吵得令人頭疼，這種時候就很掃興了。

不幸的是，每週二酒吧裡的人數起伏得很厲害，沒有明顯的模式，因此到了晚上，要不要去酒吧常使亞瑟左右為難。他是很想去，但總是在覺得別人可能不會去的時候才去。他知道其他也喜歡去酒吧的人，會面臨同樣的困擾，每個人都想做別人可能不想做的事，就像前面提過的泰勒猜數字比賽。這兩個問題，都拆掉了理性引擎的齒輪。

在這種情況下，人終得想辦法做出決定，不管是不是理性。亞瑟很快就發現自己開始思索思考的過程。思考的過程到底包含了哪些東西？人們能從其中得到什麼？為什麼會得到這種結果？這又要如何解釋酒吧裡發生的現象呢？

我們不妨把艾法洛酒吧裡的客人當成一種自然現象，再假設你可以想出某個理論來解釋它。該如何進行呢？

首先，你必須有個模型，可以模擬人是如何做決定的。他們是根據什麼樣的資訊，來判斷今晚酒吧會不會過度擁擠？除此之外，你還必須考慮到，不是每個人的想法都一樣，不同的人會依據不同的原則來做決定。稍微想想這種情況，你就會同情那些理論經濟學家了，難怪他們要堅信人的行動是理性的；如果人不是理性的，可能做出任何事來，成為一片混沌狀態，似乎不可能用任何理論來預測。不過亞瑟忽然有個靈感，發現一個可以突破這種障礙的方法。

無意間，亞瑟讀到一篇一九六〇年代的舊論文，是心理學家費德曼（Julian Feldman）寫的。費德曼認為，**人們很少依照邏輯思考來做決定，而是透過簡單的法則，以及從嘗試錯誤中學習**；特別是**人們習慣從環境中辨認出模式，然後利用這些模式來預測接下來會發生什麼事**。

舉例來說，美式足球聯盟二〇〇五－二〇〇六例行賽的最後階段，華盛頓紅人隊連贏五場，取得季後賽的資格。打開報紙，你可以看到各種不同的賽事評論。有人說，這種態勢表示紅人隊的氣勢正旺，應該會在下一場比賽中獲勝，但也有球評主張，前五場的苦戰已經使紅人隊筋疲力竭，所以對手必能輕易取勝。這兩種說法都參考了一個明顯的模式，去預測未來。

亞瑟把費德曼所提的概念，轉換到艾法洛酒吧人數的問題上，然後推想，有人可能會認為，如果酒吧上週非常擁擠，本週一定也非常擁擠；但其他人的想法可能正好相反：如果上禮拜有很多人到酒吧來，很可能這星期會待在家裡，酒吧就不會那麼擠。可以想見，大家對於酒吧裡的人數，可能會有無數的「理論」來做預估，根據的資訊是連續幾週的情況。

不過，**人並不是死腦筋的傻瓜**，如果某項「理論」使他一連四週都身處擠得要命的酒吧，他會立刻丟棄這個想法。費德曼認為，我們的腦子裡同一時刻會有好幾個不同的假設，而會根據當下最合理的某個假設來採取行動。這種說法顯然與我們的日常經驗吻合。

進行任何行動，從搭棚架到找工作，最好的方法就是「起而行」，就算你對於該怎麼做還沒有很明確的概念。你可能試試某個方法，再從行動中學習與適應。順著這個思路，亞瑟假定人不是理性的行為者，而是依據簡單的基本規則，而且邊做邊調整。

為了看看這種依照簡單規則，然後逐漸調整的行為模式會產生什麼結果，亞瑟求助於電腦。首先，他設定了一長串可能的假設，如：

1. 酒吧裡的人數會和上週一樣。
2. 如果上週沒有過度擁擠，本週一定會人數暴增（或者相反）。
3. 如果連續三週人數都不太多，本週才會過度擁擠。
4. 酒吧裡的人數會和四週前一樣。

當然，類似的假設可能還有很多。為了建立艾法洛酒吧的模式，亞瑟隨意假設有一百人很想上酒吧，而他以隨機的方式，給每人十種假設條件。接著，他利用電腦程式，記錄每人的每一項假設條件，在最近幾週裡的預測結果如何，然後選用最好的一個來決定去或不去。

換句話說，電腦裡的代理人就像真人一樣，腦子裡有幾個行動的規則，然後依照看似最好的規則來行動。在這裡，所謂的「最好」是在人數不太擁擠的情況下（亞瑟設定的上限是六十人），到酒吧喝兩杯，如果人太多，就留在家裡。

我們在前一章最後提到，**人並不是理性的自動計算機，而是有調適力的規則遵循者**——亞瑟的艾法洛酒吧模型，為這個概念提供了一種原始的做法，而且逼真得令人吃驚。亞瑟從電腦模擬的過程中發現，酒吧裡的平均人數很快就調整到約六十人左右，也就是他在一開始設定的上限。但是，去酒吧的人數並不是正好六十人，而是高高低低的，每週都不一樣（見次頁圖六），理由並不難理解[11]。

在這個賽局裡，大家都想當少數，也就是當別人都去酒吧的時候，我寧願待在家裡，或是情形反過來。

現在假設酒吧裡的人數有某種模式存在，而有少數人的行動正好符合這個模式，那他們就一直是少數。但這種情況只可能維持一段時間，因為其他人會慢慢調適，也注意到這個模式，也加入這些少數人當中。其他人學到這個模式並且紛紛加入之後，少數就變成多數了，於是這群人全部又開始覺得不舒服了。從群體之中浮現出來的任何模式，都將自然而然地引發代理人的行為，而這些行為最後又會摧毀模式，這真是一種詭異的狀態。

金融市場，尤其是那些預測不到卻老是出現的市場波動，有沒有可能與此有關？缺乏

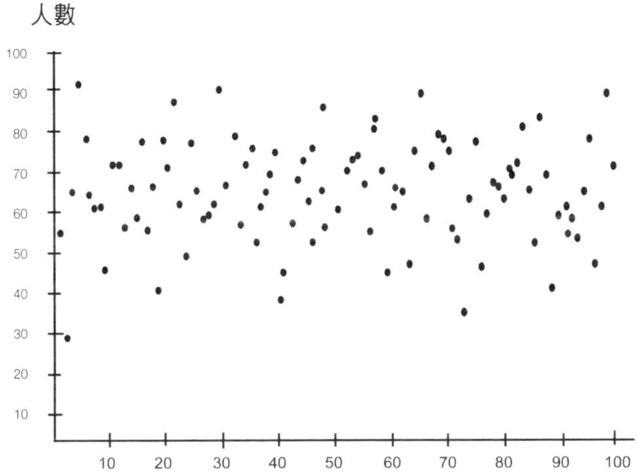

圖六

明顯「外部」原因的大幅震盪，可不可能與此有關？

現代想法vs.傳統想法

由一個問題激發出靈感而得到的數學模型，經常對看起來完全不同的其他議題非常有用。亞瑟的酒吧賽局就是個絕佳的例子。

很多投資者是所謂的圖表專家，他們看著以往股價的走勢圖，企圖找出模式，好協助自己預測股價未來的走勢。他們的行為類似亞瑟程式裡的酒吧客人，只是這些人要找的是股價，而不是酒吧人數。股票的價格有高有低，正像去酒吧的人有多有少，而投資者可以買賣股票，就像大家可以決定去酒吧或待在家裡。因為這種相似性，艾法洛酒吧的模型可以轉換成簡單的股市模型，只要加入關鍵性的價格就行了。

在任何市場裡，價格會因為供需之間的不平衡而有起有落。一九九〇年代後半，亞瑟和幾個同事合作，包括經濟學家勒巴隆（Blake LeBaron）以及物理學家帕爾默（Richard

Palmer），把艾法洛酒吧模型的想法，轉化成一個很簡單卻具有適應力的模型，用來模擬金融市場。

就和艾法洛酒吧模型一樣，在他們的虛擬市場裡，每位代理人都會追蹤幾個理論規則的預測成效，然後選用當時自認為是最好的規則，來決定要買進或賣出股票。這些理論規則，會參考過去的股價，預測未來的股價。

為了建構一套完整的模型，亞瑟的研究團隊假設，任何時刻若是想買股票的人數超過想賣的人，股價就上揚，反之亦然。整套邏輯很簡單：過去的股價模式，會影響投資人現在的行為，而現在的買賣決策（由買方及賣方間的不平衡造成的），會使股價產生新的變動，這就產生了一種不斷循環的因果關係。

為了測試自己的想法，亞瑟這群人設計出另一套電腦模型。儘管模型非常簡單，模擬出來的結果卻令人驚訝。在他們設計的人造市場裡，股價以一種不規則的方式上下震盪，有時幅度還相當大，而這些全是代理人之間產生互動與調適，在內部產生的。這個虛擬的市場裡，有贏家和輸家，也出現很刺激的成功與失敗，有自己的情緒反應。就定性的觀點而言，這個市場看起來很真實。最引人注意的是，股價的波動並沒有什麼外部的衝擊。[12]

單就這個定性描述的部分來看，這個模型已經算是一項成就。如果不嫌它過於簡單的話，這個模型已經相當程度的反映出個人的行為。而且不僅如此。

亞瑟與他同事按照曼德布洛特的方式來做統計分析，看看他們這個市場的價格波動有什麼數學特性。他們改變了每個代理人使用的各種理論假設，改變每個代理人參考多早以前的股價，以及模型裡的其他幾個細節，經過數百次的模擬，研究團隊發現，這些改變的影響都不大。很自然的，這個模型總是表現出「厚尾」的傾向，有真實市場裡常看到的大幅波動。

因此，半個世紀以來無法用理性行為解釋的謎團，似乎可以用適應行為模式和「自我組織」來說明。這個相當粗糙的模型之所以會成功，只因為它做對了一件非常重要的事，就是**用看似合理的「適應學習」，來取代不合理的「完全理性」**。於是，厚尾的現象自然浮現，就像出現在北極圈凍原上的石頭圈一樣。

這個市場模型裡主要的價格起落，並不是任何外部衝擊造成的，也不是任何人的行動所能左右的。說得更確切些，這種大幅波動的傾向（這是普遍存在於所有市場的現象），起源於代理人、也就是人類社會裡的原子如何自我組織成相互依存的細緻模式。

自從亞瑟研究團隊早期的示範之後，已經有很多更進一步的研究相繼投入這個領域，把市場理論帶入一個新紀元[13]。而這個成功，說明了好的科學思維的意義何在。大約在五十三年前，經濟學家傅利曼就認為，研究人員不應該基於對人類行為的精確假設，來建立理論；相反的，如果他們研究的是不正確的假設，研究者對社會行為的了解能力應該會提升。他說：

真正重要而又有意義的假說，都帶著許多「假設條件」，這些假設代表現實的描述，但絕大部分都是不正確的，通常，越有意義的理論，假設的描述越不合實際……其中的道理很簡單。一個假說之所以重要，是因為它能以很少的東西來「解釋」很多事情，也就是說，它可以從待解釋的現象周圍的複雜瑣碎之中，抽離出共通的重要元素，我們才可能藉以做出有效的預測。因此，重要假說裡的假設陳述一定是不正確的。[14]

傅利曼其實是在為經濟學上的「理性假設」辯護，在我看來，他的說法半對半錯。的確，所有的科學工作都是在利用簡化的模型。我們在研究行星運動的過程中，是把行星當成完美的球體，或者根本就把它當成一個點，而所有的質量都集中在這個點上，至於其他的細節，比方說行星的真實形狀、周圍的大氣層等等，我們就不管了。

雖然忽略掉大部分的細節，但是無妨，因為**我們使用的模型裡確實包括了最重要的細節**，也就是行星的質量分布情況，這關係到行星在重力場裡的運動，以及它和其他行星間的重力交互作用。行星運動模型的假設條件描述當然是錯的，但從這個假設的核心，卻能迅速推導出正確的結果。

對於人類行為的科學研究，我們同樣必須建立一個簡化的圖像，來描述個體和驅動個體的方式，這是毫無疑問的。但是在這個簡化的圖像中，我們選用的要素可能是對的，也可能是錯的；我們丟掉的，可能是不重要的瑣碎細節，也可能是某些最重要的部分。這就是傅利曼的論點出問題的地方，也是那些「理性的」經濟學家跌跤的地方。

理性的假設對人類的行為而言，不但是不完整的敘述，而且基本上是一種扭曲的敘述。

它隱含了下面的假設：人並不會學習，不會架構出假設並加以測試，也不會改變心意。事實上，理性假設抹掉了大部分真實世界裡的人類行為特質。假設「人類行為是有適應力的」，基本上和假設「人是理性的」，在概念上同樣簡單，但卻符合現實得多，尤其是當人必須在不確定而多變的市場情境裡做決定時。

這種現代想法和傳統想法最大的差別在於，它相信**市場現象之所以難於理解，並不是因為個體的複雜性，而是由於市場裡許多人之間的微妙狀態及組織**。這再次顯現了事情的關鍵在模式，而不是人。

對很多正統的傳統經濟學院來說，這種觀念可能還難以接受，不過情況已慢慢開始轉變。我們從牛津大學最近為新成立的計算金融系挑選系主任這件事，就可以看出一些端倪。他們選了年輕的物理學家強生（Neil Johnson），而不是經濟學或財務金融學的名牌教授。強生和少數幾個物理學家已經證明，這個研究取向有可能拿來預測金融前景，至少在某些案例裡已經有這種可能性。

預知未來

最能吸引商業或財經媒體注意力的，莫過於市場預測：誰贏誰輸，哪個賺哪個賠，哪一檔股票是金雞母，哪一支是賠錢貨。老是有一些「大師」對於市場的走向，似乎有不尋常的洞察本領而成為媒體的焦點，即使很多經驗研究告訴我們，事實上幾乎不存在可以成功預測金融市場的辦法，有些預測只是暫時有效或僥倖碰對而已[15]。

學術研究也支持這種經驗法則。已故的經濟學家高伯瑞（John Kenneth Galbraith）就曾表示，經濟體系能夠存活，「並不是由於那些人在預測未來方面的傑出表現，而是由於他們太常出錯」[16]。

當然，這可能是因為經濟體系，尤其是市場機制，天生就有一種不可預測的本質；或者是科學還不夠先進，複雜程度還不足以做可能的預測。物理學家強生桌上的電腦跑出來的一連串數字，暗示我們原因可能是後者。這些數字反映出美元兌日幣的匯率漲跌。

在每一個新價格出現之前，強生的電腦就會依據過去的值，預測匯率將上漲或下跌，而答案大部分是正確的。祕密何在？就在於對市場特性的深入了解，因為強生設計出一項功能強大的工具，能偵測出沒人看得出來的市場變動模式。

強生的技術來自一九九〇年代晚期，兩位在瑞士弗里堡（Fribourgh）大學的物理學家的傑出研究，一位是張翼成，另一位是查列特（Damien Challet），這兩人把亞瑟的艾法洛酒吧模型，修剪成最簡單的版本，取名為**「少數者賽局」**（Minority Game）。

在這個賽局裡，有很多人，每個人每次從0或1裡選個數字，賽局的目標是要成為少數，也就是選大多數的人沒有選的那個數字。這和亞瑟的賽局幾乎一樣，只是用到的邏輯更節省。在少數者賽局裡，玩家看著以前的結果，也就是每次選0或1的人數，再依這些結果做預測，然後做出選擇。這種簡化的價值在於，張翼成和查列特不但能用電腦來評估玩家的行為，甚至能用紙和筆去分析。他們發現到一項漂亮而又令人驚喜的結果。

他們的結果顯示，**在少數者賽局裡，隨著參加人數的增加，事情會變得很不一樣**；艾法洛酒吧賽局，或其他以此為基礎的適應性市場模型，也都暗示著同樣的結果。

他們發現，參加的玩家不多的時候，玩家所持有的行動策略有限，還不足以涵蓋所有可能的模式。如果過去的結果和未來的結果之間，真的有什麼有意義的模式，玩家會想盡辦法學會這個模式，加以運用。但如果這個特定的模式存在於群體策略的「盲點」裡，沒有一個玩家的策略裡涵蓋這個模式，這時候就沒有人能運用這個模式，因此這個模式會一直存在，不會消失掉。

相反的，如果參加賽局的人夠多，他們的策略會涵蓋了所有可能的模式，這時候，任何可以預測結果的模式都會被發現，而且立刻被採用。

在前面的情況中，有可預測的模式，卻沒人知道，但共同的結果（即市場價格的變動）會遵照可預測的模式走；在後面的情況中，所有的可預測模式會逐漸消失成不可預測的隨機狀態。令人驚訝的是，查列特和張翼成證明出，這種由一種狀態轉換到另一種狀態的過程，很類似物理學上的「相變」（phase transition），就像冰融化成水一樣。

這種由可預測區進入不可預測區的變化，看起來有點神祕，但卻有可能解釋為什麼真實的市場會這麼難以預測，而還是有這麼多人不肯死心，一直在嘗試。想想看，**如果開始的時候市場內並沒有足夠的人，大家採用的策略加起來還不足以包括所有的可能性，這時候市場裡就存在一些少量的「可預測性」**，這也吸引了其他人進入市場，希望能賺一些順風錢。

如果真的有人能不勞而獲，就會吸引更多的人進來，但每進來一個人，就帶進一些新的策略，就會有效地把這些少量的可預測性「吃掉」。人們會持續進入市場，直到市場的可預測性完全消耗殆盡。市場就變得完全不可預測了，到了這時候，可能有人因為賺不到錢而退出市場，當然，他們的一些策略也會跟著一起離開，這使得市場又恢復些微的可預測性。

由這些討論，我們知道市場應該會在可預測與不可預測的邊緣地帶徘徊，它可能有非常有限的預測性，但不易預測。

我們很難確知，這個圖像是不是真的能代表實際市場的狀況，但這個想法很有吸引力，因此當強生在一九九八年頭一次聽到的時候，還由此啟發了另外一個想法：如果市場真的存在可預測性（至少偶爾存在），那麼應該有方法可以偵測到。

儘管和實際市場相比，張翼成與查列特的賽局實在太簡化了，但它確實掌握到驅動市場的基本邏輯——至少是初步掌握到了。此外，它又比真實世界裡的投資者用來做預測的大部分數學方法，來得豐富而且複雜，因此強生推論，它可能是很好的工具，至少好過所有現存的工具，可以用來探測市場行為裡是否真的存在少量程度的預測性。靠著牛津大學同事的協助，強生很快就把想法化為實際，而且真的管用。

為了讓少數者賽局（或是根據它而建立的虛擬市場）順利進行，研究人員在開始的時候，必須為玩家建立起一組「理論想法」，可以用來預測未來。仔細選好初步策略之後，強生和他同事就可以對他們的虛擬市場做一些「調整」，使它產生特定的價格變動模式，譬如在紐約證券交易所看到的變動情形。經過這樣的調整，他們希望模型裡的代理人腦袋裡的理論體系，能相當於真實投資者腦袋裡的信念及想法。推動著市場走向的，正是這種體系的細微結構，因此他們猜想，持續執行這個模型，或許就可以預測出真實市場的走向。

經過多次測試，強生和同事發現，他們的模型可以偵測出，**市場在某些時刻比其他時刻更可預測**，而在這些比較可以預測的時刻，策略的數目常出於兩種原因而有效地減少，原因之一是有人退出市場，另一個原因是許多人使用了同樣的策略。強生稱這樣的時刻為「可預測區間」。電腦不但能夠辨認出這些可預測區間，還可以預測接下來會發生什麼事。

在最近的一次展示裡，強生的團隊使用美元兌日幣的匯率數據，結果在連續四千次的價格變動中，他們不但辨認出大約九十多個可預測區間[17]。他們的模型同時還預測出其間的匯率變動方向，而且只有一次預測錯誤。

當然，**如果這種成功變成經常發生的常態，它的後果可能會很詭異**。很多投資大戶一定會採用同樣的方法，這就會改變市場的本質，而可能摧毀這項技術的預測能力。另外還有一種可能性，就是這些預測本身是能夠自我實現的；如果模型預測出紐約證交所的股價會上漲五％，得到這個消息的投資者當然會蜂擁而至，大家拚命買股票想賺一票，因此就把股價抬高了，而且漲幅可能就大約是五％。

適應本領高強的機會主義者

在這一章裡，我只討論了金融市場。對人類社會來說，這當然是很狹窄而專門的一個區塊，不過以它來做起點倒是很自然的，因為這個領域內的群體行為，已經被我們用數學方式充分檢驗過，而且它可能是人類生活中最理性、最需要精打細算的部分，也是正統經濟學理論的觀點最有可能發揮功能之處。但是就在這個狹小的區域裡，謎樣的「厚尾」現象卻撐了四十年而沒辦法得到解釋。

為什麼所有的市場，都具有頑固而任性的本質？我們已經發現，**問題的解答居然不在於個體的複雜性，也和人們的綿密思想或怪誕習慣無關，而是要看人類行為的簡單性**。

我們從前面的例子裡已經看到，簡單的規則如何加強了我們的理解。打垮LTCM的厚尾現象，現在已經不再費解了；大部分的國際金融業務和風險評估當中，現在都會把這個現象列入考量。

根據適應性原則設計出來的市場模型，現在已成為非常有用的工具，不但可以拿來預測市場，還可以預測在不尋常的狀況下，市場會發生什麼變化。使用這類工具，常讓企業省下很多錢。

例如在幾年前，那斯達克股票交易中心的執行者，想把掛牌上市證券的價格變動單位，從原先的分數改成小數，他們期望這樣一來，市場可以更容易發現精確的股票價格。這麼一來，買賣差價會縮小，可能就會吸引更多的投資人和公司前來。聽起來似乎是個好主意，但交易中心很明智地決定，在推出變革之前，先做更深入的研究。

他們依據少數者賽局或強生的市場模型中的適應性代理人的類型，發展出自己的交易模型。重點是，他們所用的代理人一注意到市場的趨勢或模式時，都能適應並且變更自己的策略，甚至發展出新策略。等到模型的運作情形很像真實的市場，會相當精確地重現價格波動，公司就可以用這個模型來做各種的實驗。

令他們驚訝的發現是，價格變動單位縮小到某一點之後，事實上會擴大買賣差價。結果，代理人學會運用一些投機策略，犧牲市場的整體效率來替自己增加獲利。如果價格變動單位更小，這些策略的風險更低，獲利更多，那斯達克原先期待的利益就落空了。但幸運的是，交易中心在學到血淋淋的教訓之前就及早發現了。他們在二〇〇一年，把價格變動單位由原來的1/16改成1/100時，已經事先知道這個效應，並且採取了防患措施。[18]

能獲得這些成果，是因為我們以更單純的方式來看待人的行為。我們把社會現象簡化，再建構假說來解釋它們；我們保留那些似乎有用的想法，拋棄那些沒有用的。**這種適應性，可能是人類最偉大的本領**。

舉例來說，我們人類顯然不是靠理性思考來學會語言及溝通的。語言學者越了解語言本身以及我們使用語言的方式，就越能看出，我們的語言能力其實是一種適應過程的產物。過去十多年的研究告訴我們，在交談間，不論是說話的方式，使用的詞彙，甚至連發音的特徵，都會隨著交談的進展狀況，以及交談雙方的你來我往，而有些微的變化。語言是一種不斷在演化的過程，並非固定而靜止的，就像**任何市場裡不斷轉變的想法與信念體系，都是我們的適應力創造出來的產物**。

適應是很有用的。但除了適應性的思維，社會原子當然還有別的本事。人是一種社會動物，我們比別的物種更能彼此結合成一個強大的組織。如果我們把社會原子當成單獨的個體，獨自面對問題，那麼考慮我們的適應本領和理性計算才幹，或許就夠了。

但若要更進一步，就必須檢視兩個或一群社會原子是如何互動的，他們的行動如何彼此影響。這就代表我們首先要了解到，當任何兩個人或很多人聚在一起，甚至沒有聚在一起、但能透過方法彼此學習時，有件事一定會發生，那就是——模仿。人類除了是很有彈性的適應者，還是個天生的模仿者。

5. 企鵝法則

一般人缺乏獨立的意見。他並不想去研究或深思，構成自己的意見，只是急於得知鄰居的意見，然後盲目跟從。

——馬克·吐溫

根據《洛亞諾克時報》（*Roanoke Times*）的報導，這是一九三三年底到一九三四年初的寒冬，發生在維吉尼亞州南部的事情。

在十二月的某天傍晚，赫夫曼太太發現有個神祕男子，潛入她在洛亞諾克的農場，不久之後就聞到一股瓦斯味，三十分鐘之後，她先生也聞到瓦斯味，立刻打電話報警。警察來到他們住的地方查看，但並沒有發現任何異狀。

然而，消息還是傳了出去。五天之後，住在附近的霍爾夫婦從教堂回家，聞到一股令人噁心的氣味，不知道是什麼東西使他們眼睛刺痛，而且有個鄰居告訴警察，她看到一個人拿著手電筒，照進霍爾家的窗戶。兩週之後，住在附近的摩爾太太，聽到院子裡有股低沉的聲音，接著也聞到瓦斯味。《洛亞諾克時報》出現了一則頭條新聞，說疑似有個瘋子在這個地區攻擊居民。

幾個月之後，維吉尼亞瓦斯攻擊事件之謎，越來越撲朔迷離。洛亞諾克當地以及附近地區的居民開始鎖好門窗，而且巡視住家四周，提防形跡可疑的人物，尤其是黃昏。他們甚至開始在家裡準備槍枝。這段時間還發生過一次事件，有個人在屋裡聞到瓦斯味，急忙逃出戶外，並且拿獵槍朝四個走向樹林去的人開槍。

然而到了此時，警方已經開始懷疑事情的真實性。在總共二、三十件的報案當中，負責調查的刑警並沒有發現任何和瓦斯有關的實際證據，舉例來說，沒有任何空罐子或浸溼的破布；他們只發現了一部排氣管有破損的閒置車輛，從爐子裡飄出來的煤煙，以及從暖氣機跑出來的揮發性化學物質。

一九三四年二月十四日，《洛亞諾克時報》登了一篇很大的消息，標題是「洛亞諾克沒有瓦斯怪客」，之後整個事件就平息了。警方的結論是，整個事件是大家「心理過度緊張」而產生的[1]。

每個人都知道，許多**謠言常常會越傳越逼真，變成一個「既定的事實」，儘管有時候根本沒有絲毫的證據**。當然，一九三〇年代的人和活在今天的人差不多，並不會更好騙。

二〇〇五年八月，在「卡崔娜」風災之後，一些令人恐慌的小道消息，一點一點地流出紐奧良。

謠言說有一幫匪徒專門鎖定無助的觀光客，殺人強姦無惡不作。福斯電視台（Fox News，或者應該像某些部落格故意稱它為Faux News，調侃福斯電視台播的是「假」新聞）發布了一則「警告」，說到「搶劫、強姦、劫車及暴亂」層出不窮，而且有幼童在超級巨蛋球場被性侵。

幾星期之後，警方和記者還很努力地想找出這些犯罪案件的受害者。後來警局首長表示，「沒有任何謀殺案的正式紀錄。」整起事件幾乎可以確定純粹是謠言。

謠言和群體恐慌事件，說明了人類似乎有一種普遍的傾向，喜歡模仿別人的行為。想想在一九五〇年代晚期風靡全球的呼拉圈狂熱，一九九〇年代流行的「豆豆公仔」，或是現今在身上穿洞的熱潮，造成這些潮流的，都不是理性的行為。在一六三〇年代的「鬱金香熱」期間，有個荷蘭人為了買一顆鬱金香的球莖，願意花費的錢可以買一千磅乳酪、兩噸奶油、四噸啤酒、十二頭羊、四頭牛、八隻豬以及其他值錢的東西，包括一只銀杯[2]。幾乎沒有人會說這是人類智能的光榮表現。

還有一個更駭人的例子，可以說明模仿的力量。想想二〇〇五年十月在巴黎和法國各大城市發生的群眾暴動。十月二十七日，兩名青少年在巴黎郊區躲避警察追逐（他們其實是無辜的），跑進一個變電站被電死。

隨後兩週，法國其他城市也都暴發激烈的暴動，從巴黎、里昂、第戎到埃夫勒，像野火燎原似的，到處延燒。幾乎有三千人遭到逮捕。一位參加暴動的十五歲青少年，在接受《紐約時報》記者的採訪時，說出很奇怪的傳染精神；起初，「兩名青少年被殺是很好的藉口」，但後來就不一樣了，變成「放火燒車很有趣」。

為什麼人類這麼易於受到群體行為浪潮的影響？在上一章，我們談到**社會原子遵循的**

第一條規則：我們有很大的模式辨認本事，也很能適應瞬息萬變的世界。我們和世界互動，並從中學習。但我們也設法從別人那裡學習。我們生活在家人和朋友當中，生活在同事、鄰居之間，生活在電視、報紙和網路提供的大量訊息與意見之中。

不像真空中的原子那樣孤獨過活，我們是埋在一堆人群當中，有點像液體裡的原子，彼此間深深地相互影響。我們的社會「鑲嵌」性，影響了我們的食衣住行，我們的工作，我們的思想及見解[3]。

在這一章，我們將探討社會原子的另一項特質，就是當兩個以上的社會原子碰在一起時，表現出來的行為習慣。除了適應能力之外，人類行為最顯著的另一項特徵大概就是模仿能力了。

出生嬰孩在幾分鐘之內，就會模仿雙親臉部的表情。我們天生就有模仿的直覺，也經常刻意去模仿，因為**模仿也是一種策略，有時甚至是我們唯一的策略**，可以使用別人已經學會的東西。當然，模仿有時也會導致想像不到或代價很高的失真，因為別人也不一定什麼事都知道得那麼清楚。但總而言之，模仿的驚人影響力，並不神祕費解——科學家發現，模仿常會產生像時鐘一般準確的模式。

眼見為憑？

一九五二年，一些志願者來到費城附近的史瓦摩爾學院（Swarthmore College）的實驗室，參加一項有關人類知覺的研究。社會心理學家艾許（Solomon Asch）有個很簡單的實驗計畫。

他拿了兩張大卡片，其中一張畫上一條垂直線，另一張卡片上則有三條類似的垂直線，志願者在看了卡片之後，只要回答另一張卡片上的三條線，長度是不是和只有一條線的卡片上的線一樣長。在三條線當中，艾許讓兩條線的長度與其他線都不一樣，連小孩子都看得出差異來。但是他的袖子裡另有乾坤。

在這些「志願者」當中，有些並不是真正的志願者，而是艾許的同夥。在實驗過程當中，他安排這些假扮的志願者，先故意大聲說出答案，再讓真正的受試者說出自己的答案。

有時，艾許要這些同夥故意說出錯誤的答案，看看對真正的實驗對象會有什麼影響。

結果出乎很多人的意料之外。單獨測試的時候（做為對照組），真正的受試者沒有一個人答錯，他們很容易就看出卡片上的線是不一樣長的。但當聽到別人說出同樣的錯誤答案時，他們也會跟著說出錯誤的答案，選擇和多數人同一邊，只是他們在回答的時候會猶豫，不安地微笑，揉揉眼睛並偷偷再瞄卡片一眼，然後放棄自己看到的，和大家站同一條陣線。只要幾個人的口頭說辭，就足以迫使一個人改變自己的獨立判斷，或至少說出並非自己看到的東西。[4]

我們常常觀察到，人們有「跟著大家走」的傾向。在艾許實驗裡面的某些人，可能平常就相當缺乏自信，在聽到別人的答案之後，會懷疑是不是自己看錯了。不管怎麼解釋，艾許發現的結果令人有些不安：「我們發現，在人類的社會裡，從眾的傾向是如此的強烈，讓一些聰明而善良的年輕人願意把白說成黑，這件事是值得關切的。我們應該思考，我們的教育方式和行為價值判斷是不是出現了問題。」[5]

當時美國正處於麥卡錫主義的恐怖時期，到處瀰漫著反共產黨的歇斯底里氣氛，難怪艾許會憂慮教育和行為價值判斷的問題。但我們現在終於明白，這種從眾的傾向，有它更深層的生物根源。

社會意見改變了個體的知覺

兩年前，亞特蘭大艾默里大學（Emory University）的神經科學家伯恩斯（Gregory Burns），領導了一組研究人員，重做艾許的實驗。但這次他們更進一步，利用磁振造影（MRI）去監控受試對象在面臨同樣的情況時，腦部的活動情形。他們讓志願者看兩組不同物體的立體影像，然後回答這是兩個完全不同的物體，還是同一個物體的不同角度？要回答這個問題，受試者需要在腦袋中，重新排列或旋轉物體的影像。

和艾許的實驗一樣，伯恩斯的團隊也安排一些演員，混在受試者當中，有時會故意講出錯誤的答案。在單獨受試時，受試者的答案都是正確的，但是當有演員介入時，有百分之四十會投降，放棄自己的想法，遵從大多數人的想法。[6]

更有趣的是，當受試者的看法和大多數的意見不同時，MRI影像所顯示的腦部活動情形。伯恩斯原本認為，如果受試者是有意識地做出決定，也就是看出正確的圖像，但決定跟隨多數人的意見，那麼在前腦應該會有顯著的活動跡象，因為這個區域通常是掌管計畫和解決問題的。

但伯恩斯他們看到的卻不是這種情況；當受試者決定違反自己的看法，遵守多數意見時，腦內活動最劇烈的地方是右腦頂內溝，這個區域是負責空間辨識和知覺的。這表示個體在深思熟慮之後，不但決定遵循多數人的意見，還真的連看法都不一樣了。別人的說法，確實影響了受試者看到的東西。

正如這些研究人員所說的，「社會的意見改變了個體對世界的知覺。」他們還發現，每當個體成功抗拒團體壓力時，大腦活動主要發生在和情緒有關的區域，好像這些人本能地感覺到和眾人意見不同時的風險。

這些實驗結果顯示，模仿行為的根源，在某些情境中是非常古老的，很像是一種自動、無意識的本能，一開始就內建在我們的生物組織上。我們或許可以稱此為「深層」模仿，因為它有很深的心理根源，反映出我們的演化歷史。

但是有一種比較淺層的模仿，根據我們有意識的策略，因而對行為可能更有影響力。亞里斯多德在很久以前就說過：「人之所以強過低等動物，就因為他是世界上最會模仿的生物。」我們是很好的適應者；而**我們最常適應的對象，就是別人**。

像企鵝般思考

生活在極地的企鵝群，每天都面臨同樣的難題。它們靠冰層底下海水裡的魚兒為生，但是海裡殺機四伏，因此企鵝都很小心，在沒有確定安全之前，盡量不下水。這使事情變得有點麻煩；如果水下有隻殺人鯨，站在冰上的企鵝是沒辦法知道的。唯一的辦法是跳進水裡試試看，或耐心等待別的冒失鬼等得不耐煩了，率先跳入海裡。

因此每天早上，企鵝群都在玩一種類似「殺人鯨輪盤」的等待遊戲。它們等待好幾個小時，直到最後有些企鵝忍不住，鋌而走險跳入海裡，接著大家都會紛紛下水。全體企鵝不是飽餐一頓，就是成為掠食者的美食。（有些企鵝在設法打開僵局時，偶爾還會相當不客氣地推擠一下同伴。）[7]

我們通常覺得是自己在做決定，但我們事實上有點像企鵝——缺乏資訊的時候，我們會觀察別人，盡量蒐集片段的資料。在一個陌生的地方找餐館吃飯，我們常會選一家高朋滿座的餐館，而不會進一家空蕩蕩的，我們認為客人這麼多一定有它的道理；銀行想開個分行，一定會開在已經有很多銀行設分行的地區。

商業分析師都知道，小公司常會抄襲大公司的措施；如果一個像「英特爾」這樣的領導公司，投資某項全新的晶片製造技術，很多公司都會跟進，他們會猜想，擁有這麼多資源的英特爾，一定知道自己在做什麼。

模仿可以是個正當的策略，對個體和團體都有幫助。它是一種「社會學習」，透過和其他人的互動來學習，而不是單獨學習；這使我們在很多情況下，變得比自己獨力應付狀況時更聰明些。我們的模仿本能這麼深厚，如果你看到二十個人凝視著天空，很難不跟著他們一起抬頭望。不過，社會模仿儘管有蒐集資訊的好處，也經常把大家帶離正軌。

在二〇〇二年十月，華盛頓特區出現一位行蹤飄忽的槍手，毫無預警地到處開槍殺人。十月三日，殺手在十五小時之內，槍擊了五次，槍殺了一位正在除草的庭園設計師，一位正在加油的計程車司機，一位在公園長凳上看書的女人，還有其他幾個人。

警察接到的通報裡，有兩次有人提到在兇案現場附近，看見一輛可疑的白色小貨車，於是他們到處設下路障，攔查顏色相符的廂型車和小貨車，報紙、廣播電台和電視台也都一再重述這則小貨車的消息，不久之後，人人都「知道」兇手開著什麼樣子的汽車。事情就這樣過了兩週，兇手一直逍遙法外。

但是不久，警察偶然間得到另外一條線索，查出一輛藍色雪佛蘭Caprice轎車的車牌，登記的車主就在嫌疑犯名單上。令人驚訝又有點難堪的是，他們發現好幾次在命案現場附近，這輛藍色轎車就在警車旁沒多遠，但因為它不是白色小貨車，每次都輕易地離開。在公布這輛可疑的藍色轎車消息之後的幾小時內，就有機警的民眾通報，結果警方在馬里蘭州高速公路旁的休息站，逮捕到四十一歲的穆罕默德（John Allen Muhammad）和十七歲的馬爾沃（John Lee Malvo）。

問題很明顯。**模仿並不會產生任何新資訊，它只是擴大了一點點舊資訊可以帶來的效果，不管資訊是真是假**。

一九九五年，有兩位管理理論書籍的作者，崔西（M. Treacy）和魏斯瑪（F. Wiersema），出版了一本書《市場領導者的鐵律》，他們到書店裡（尤其是那些會影響《紐約時報》暢銷排行榜的書店），自掏腰包買了五萬本自己的書。其實這本書的書評只是泛泛而已，但卻馬上進入排行榜，之後還吸引了足夠的買氣，使它留在排行榜上一段時間。8

這些例子說明了，人只要受到另一個人影響，就有可能產生意外的發展。我們可能是遵循一種社會本能，是在盲目地模仿，也可能是策略性地模仿，因為認為別人知道得比我們多。我們在後面很快就會提到，在另外的情況下，別人的行動甚至會強迫我們加入，這時候，模仿顯然成為最好的策略。

然而，不管模仿的起源是什麼，很重要的一件事是，在人類社會的因果之間，很難找到關連，因為少數幾人的行動很快就會傳遞到很多人的世界裡去。這就是為何社會科學難以跨越「敘事」，去進一步找出事件更深層、「類似法則」的解釋的原因之一。當然，模仿並不是因果之間的真正橋樑，它只是看起來像。如果我們把焦點放在模式，而不是放在人身上，就不難對模仿的運作有更清楚的認識。

微妙的連鎖反應

絕大部分的經濟理論學家，都企圖徹底忽略人類互相模仿的影響。目前在經濟學家的理論裡，還經常出現一個觀念，叫做「代表性個人」；它是說，如果有某件事發生，例如巴黎的暴動，而你想知道一群人對這件事會有什麼反應，你可以完全忽略人和人之間的互動。每個人都會留意到發生了什麼事，然後獨自決定要不要加入暴動。

依照這種想法，如果有百分之二的人參加暴動，表示這件事有足夠的「情感力」和影響力，可以吸引百分之二的人採取行動。這個觀念是這樣的，你可以把群眾想成具有某種「性格」，可反映出組成成員的平均特質。這種思考方式很清楚地暗示，事件的後果和觸發它的原因是成比例的；微小的原因永遠不會造成巨大的衝擊。

如果你要使自己理論裡的數學很簡單，可以用很簡潔的方程式來推導，而且給人一種確定的錯覺，那麼「代表性個人」的觀念是很了不起的；但若是你想要解釋真實的世界，這個想法就不行了，因為它忽略了像那個覺得「放火燒車很有趣」的男孩那樣的人。

這個觀念所錯過的是，**讓暴動開始形成的事件，不一定也是使暴動繼續下去的事件，或決定最後規模的事件**。第一個開始暴動的人，可能是自己決定的，但有一百人開始在街上砸東西之後，第一百零一個決定參加的人，動機就完全不同了。當你認識的每個人都在做同一件事時，加入他們就沒有那麼困難了。

很多犯罪事件的發生，似乎也循著同樣的模式。例如在十年前出現了一件很重要的研究，哈佛大學的經濟學家格雷瑟（E. Glaeser）、塞色多特（B. Sacerdote）和申克曼（J. Schienkman）發現，不同地方、不同城市甚至同一城市的不同區域的犯罪率高低，不能僅用當地經濟條件的不同來解釋，因為犯罪率隨地域不同之差異性，比經濟條件的地域差異性大得多了。

但是如果假設，在犯罪率比較高的地區，比較容易引誘其他人犯罪，就能解釋犯罪率的變異。他們還發現，一些輕微的罪行，如偷東西或偷車，特別有引誘犯罪的效果，比較嚴重的犯罪像強暴、潛入住宅和搶劫，引誘的力量就小很多；至於縱火和謀殺這類重罪，引誘犯罪的力量最小。9

一九七八年，史丹福大學的社會學家格蘭諾維特（Mark Granovetter），首度提出一個很聰明的方法來分析這類情況。受到謝林用「原子物理」方法研究社會科學（見〈前言〉）的啟發，格蘭諾維特試著把事情簡化到最根本的狀態。

以社會暴動為例，大部分的人都不會無緣無故引起暴動，但格蘭諾維特認為，我們也許會在適當的時機加入暴動，譬如我們受到足夠「推力」的情形下。換句話說，我們都有某個「門檻」，決定自己要不要加入暴動。如果街上已經有十個人在騷動，有人就可能會加入。但有的人比較沉得住氣，可能要有六十或七十個人在騷動了，才會加入。某個人的門檻標準，和很多事情有關，例如人格特質或面臨處罰的威脅等等；有些人可能在任何情況下都不會投入一場暴動，但另外有些人可能一觸即發。

從邏輯的角度來說，**面對任何特定的情況，每個人都會有某個門檻值**，只是這個門檻值很難實際明訂。按照格蘭諾維特的說法，門檻值反映出「個體感受到做特定一件事（在這裡就是指參加暴動）會得到的效益超過成本」的那個臨界點。但重點是，成本與效益孰高孰低，不但與個人的偏好有關，還要取決於其他人在做什麼，以及有多少人在做同一件事。這時候，門檻值的存在，僅反映出人際相互影響力的大小，這使得群體的行為極難預測。

舉個例子來說，假設有一百人，每個人對加入一場暴動的門檻值分別從「0」到「99」；某人的門檻值是「0」，有個人是「1」，有個人是「2」，依此類推。在這種情況下，大型暴動是無可避免的。那個門檻值為「0」的「根源」人物，隨時一觸即發，接著門檻值為「1」的人就加入行列，暴動的情勢就逐漸升高，最後連「高門檻」的人也被影響而加入暴動。

但要請大家注意成員之間門檻值的微妙連鎖關係。若是把門檻值為「1」的那個人移開，當第一個人開始鼓譟、動手時，其他的人只會觀望。如果沒有第二個人加入暴動，就沒有後續的連鎖反應了，因此，其中某個人的性格稍微改變一點，就會對全體產生很大的改變。然而，就像格蘭諾維特指出的，**敘事型的解釋，會漏失掉這種微妙的細節，而錯把結果**

歸因到群眾的整體「特質」；前一種情況可能敘述成「一群激進份子引發了群眾暴動」，而後者可能變成「一個神經錯亂的搗蛋份子砸毀櫥窗，但很多守法公民在一旁冷眼旁觀。」[10]

不管是社會暴動，還是房地產市場的蕭條，或是董事會上的投票表決行為，都沒有簡單的研究方法。由於很多微小的細節牽涉其中，要做出準確的預測，根本就是不可能的。群眾裡一個很小的差別，譬如幾個關鍵人物在或不在，就會造成只有幾面櫥窗砸毀或整條街起火燃燒的差別；投票的結果有時候可能全視投票順序而定（有趣但可能明智的是，美國海軍法庭的審判官是按軍階的相反次序來投票的，目的是使模仿行為的影響降到最小）。

用這個方式來看事情，似乎能找出紐約時報廣場煥然一新的關鍵因素，因為這個方式顯示了，社會中如何能出現兩個（可能截然不同的）穩定狀態，以及如何能從一種情況突然轉變成另一種狀態。

在一九九五年，時報廣場一帶對任何企業而言，顯然有很大的商機，但這個地區的經濟活動蕭條已久，風險也是很明顯的，潛在投資者面對的情境，就像那些站在冰上的企鵝，等待有誰最先跳入水中。在迪士尼跳進來承諾修建「新阿姆斯特丹」戲院之後，其他一些企業的老闆，如杜莎夫人蠟像館和AMC娛樂公司，就覺得比較安心：如果別人也做了某項決定，那麼這項決定應該不如想像中那麼糟糕。

在這件事情上，還有一些別的因素也發揮了功效，例如正向回饋。對這些大老闆來說，和別人一起行動，不但心理上有安全感，實質上也有其正當性，因為其他人的投入，會使這個區域更有吸引力。從實際面來看，越多投資者進入，拉抬當地的經濟情況，就越使得時報廣場具吸引力，這又會吸引更多的投資者。這個例子，完全符合格蘭諾維特對群眾暴動的邏輯分析。

我在前面提過的，發生在印度喀拉拉省的「奇蹟」，看起來和前面這兩件事相差很多，但也是相同邏輯的好例子。對於一個識字人口不多的農村社會，學習讀書和寫字並不是那麼重要，因為大家的生活都圍繞著農作物打轉，因此不難看出為什麼幾乎沒有父母鼓勵孩子受教育，畢竟看不出有什麼好處。這種情況可以維持很久；事實上，在喀拉拉省就是如此。

但如果一個社群裡，成員大多數都識字，經濟生活以製造業或商業交易為主，經營管理技巧很重要，那麼情況就會不同了；受教育成了孩子以後能否成功的基本要素，自然也變成每個父母的渴望。

如果時報廣場的變遷，是來自一家有影響力的企業的投入，那麼喀拉拉省教育水準的提升，就是一群有組織的志工們的共同努力。透過他們的努力，整個省跨過了障礙，進入另一個教育水準。教育已經把個體帶入了一個全新的、自我維持的社會模式。

格蘭諾維持的思考方式使我們看出，人與人之間互相影響的結果，是很難了解的。最近，研究人員把格蘭諾維特的想法又往前推了一步；在往前推進的過程中，他們發現，在這種偶發性的另一面，竟是一個普遍適用的法則。

是出於模仿，還是獨立判斷？

法國物理學家包查德（Jean-Philippe Bouchaud）有一份相當不尋常的經歷。且不說他的物理專長，他其實還是「經濟物理學」（econophysics）的先驅者，這個迅速興起的次領域是在**利用物理學所啟發的數學想法，來處理經濟學與金融學上的問題**。十五年前，包查德和一組物理學家甚至成立了一檔對沖基金——資本基金管理（Capital Fund Management），藉由物理學的概念去了解市場和市場波動，並運用這些知識來管理金錢。

幾年前，包查德聽到格蘭諾維特所提的人類模仿行為「門檻」模型，就注意到人和人之間的互相影響方式，和物理學上原子之間的互相影響方式，在數學上有令人難以置信的相似程度。仔細審查兩者間的關連之後，包查德和他的同事麥卡德（Quentin Michard）發現了一個方法，可以替人類行為建立出一套類似理論。

這裡牽涉到的物理，是描述在一塊像鐵那樣的磁性物質裡，原子是如何交互作用的。在這種物質裡，原子就像一個個微小的磁鐵，各有各的磁北極和磁南極；你可以把它們想像成指著各種方向的小箭頭。如果把一塊鐵放進很強的磁場裡，所有的小箭頭都會順著磁場的方向排整齊，就像整好隊形的士兵一樣。不過，就算沒有這種壓倒性的外部作用力，原子也會互相影響；如果有許多原子指向同一個方向，它們很容易強迫附近的原子也指向同樣的方向（見次頁圖七）。

包查德明白，這個機制很像格蘭諾維特在人類社會裡看到的情況。我們都受到外在的影

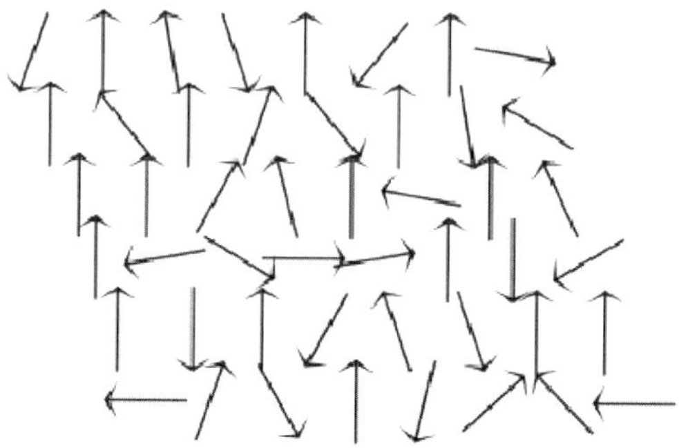

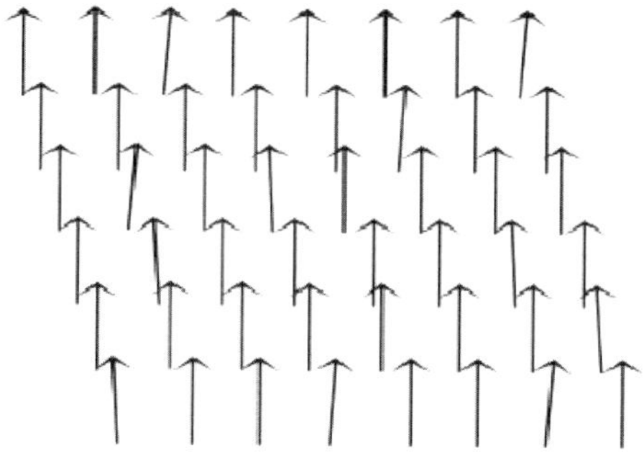

圖七

響，例如「愛好和平」之類的社會規範；但是我們也會彼此影響，而且這個影響力有時還超過前者。

因此，如果你把磁鐵裡原子的方向想像成一種「意見」或「行為」，你就能夠想像，在原子的尺度，模仿會造成什麼結果——一個原子的作為的確會影響其他的原子。從表面上看，這個比喻似乎頗牽強而又沒什麼獨創性。但結果可不只如此。

首先我們來看看物理現象。假設開始的時候磁場向下，而磁場很強，使所有的原子磁鐵都向下。現在假設你慢慢改變磁場方向，使它從原來的向下慢慢旋轉成向上，在這個過程中，原子當然會受到影響，有些原子會來個一百八十度的轉向。

如果原子之間不會互相影響，整個改變是逐漸的，一個接著一個，轉向的原子越來越多，直到所有的原子都向上，遵從外部磁場的影響。但是，由於原子之間會互相影響，使得改變發生的方式非常不同——不但快得多，而且沒有那麼平順。

在真正的實驗裡，你會發現一個原子翻過來，會逼得它旁邊的原子也翻過來，接著又觸動其他的原子。因此，從每個原子都向下轉變成每個原子都向上，整個轉變過程是很古怪的，有時是一小團原子突然翻過來，有時是一大團原子翻過來，而並不是大家一個一個逐漸轉過來。除此之外，原子全體變成朝上的時間，比起原子間沒有互相影響要快很多。改變的速度加快了。

這與人類社會有何關係？你可以順著包查德和麥卡德的想法，把外部磁場當成是影響人類行為的外在因素或情況。以行動電話為例。行動電話剛問世的時候，既笨重又昂貴，而且比一般家用電話難操作得多，因此買行動電話的人並不多。但二十年之後，一切都改變了，行動電話變得便宜又好用，幾乎是人手一機。你可以把這二十年間的改變，比喻成轉了一百八十度、並且強迫原子磁鐵一起改變的磁場。

在這個例子裡，科技的改變，強制改變了我們的行為。而且就像包查德和麥卡德所示範的，這項類比顯然超過了定性的層面。他們分析了一九九〇年代行動電話使用的資料，發現普及率遵循的數學模式，符合磁鐵模型的預測。這個實例並不全然令人驚訝，畢竟很多人之所以買行動電話，並不是真正評估過有什麼好處才決定要買，而是跟著朋友和同事而買的。

現在，可能很多人會同意，**模仿的習慣對我們生活上的一些細節，的確會有影響**，例如看電影、買車、買行動電話或逛街買衣服。但生活中一些比較「重要」的事，例如我們的工作、政治理念和宗教信仰，甚至決定要不要生小孩等等，就很少人願意承認是深受模仿的影響；我們在這類事情上，是完全獨立自主的——或者我們自認如此。但是，或許我們得再想想看。

包查德和麥卡德分析了一九五〇到二〇〇〇年間急劇下降的歐洲出生率。當然，這個趨勢的背後有很多真正的因素，例如經濟條件、婦女就業機會等等。但數據顯示，這些因素的影響只占了一小部分；這兩位物理學家發現，如果僅憑外部因素來做獨立判斷，出生率的下降會慢很多。一定有很多人是基於模仿，而不是獨立判斷，決定不生小孩或者少生幾個孩子。他們的結論是，「由於同儕壓力，出生率下降的自然趨勢被放大而且加快了。」[11]

在我看來，這項研究比較弔詭的啟示，是它對一些令我們非常驚訝的社會轉變，所提出的說法。在經過更深入的數學分析之後，包查德和麥卡德發現，**當一個人對別人的影響力很強的時候，社會轉變的速度不僅是很快而已，甚至根本就是突然的**；而如果影響人們決策的真正根本因素是微弱的，這種轉變的出現似乎就像是無中生有，根本不知道是從哪裡跑出來的。實際上，一些很劇烈的、像謎一樣的社會變遷，可能確實缺乏任何清楚的根本原因，而只是反映出某個團體的群體行為有機會從一個穩定狀態翻轉成另一個穩定狀態。

就某方面來說，這個答案有些令人失望，因為它表明沒有所謂「更深層」的答案，但這個說法還是讓我們了解了社會理論本身的根本謎團，那就是為什麼很多重要的事件，好像缺乏單純的因果關係來說明。

這個故事還有一段頗為有趣的後續。這兩位物理學家一時興起，拿他們的模型去測試它對音樂會結束時觀眾鼓掌情況的預測結果。就像各位都經歷過的，剛開始總有幾個人先拍手，接著全體都跟著鼓掌，最後拍手的聲音逐漸小下來，可能還有最後幾聲掌聲，然後完全停止。

在意料之中的，模型的模擬結果完全符合，因為拍手的現象幾乎完全由模仿行為掌控；大家的目標都是一樣的，別人拍手時自己也拍手，別人停下來自己就停下來。但是這就意謂了，如果你把拍手數據（可以從各種音樂會錄下來），拿來和出生率以及行動電話普及率的資料比較，把它們在時間尺度上的自然差異，以及一些不重要的細節修正一下，你會發現，

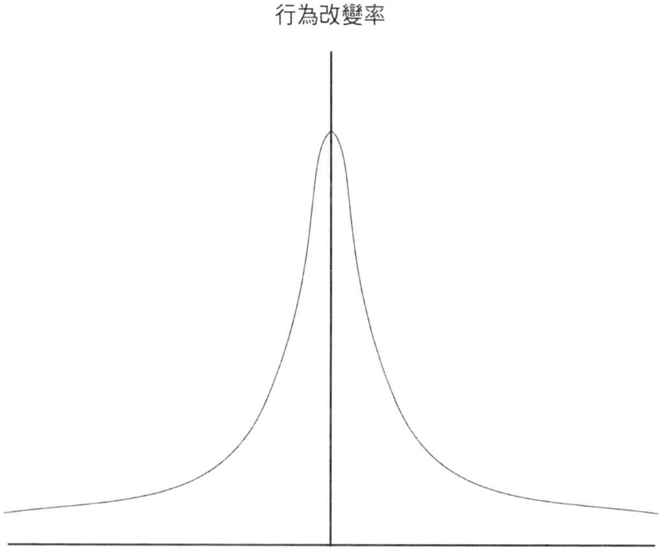

圖八

這三種現象恰好落在同樣的數學曲線上（見前頁圖八）。我們的社會生活，我們所做的一些重大決定，例如要不要生小孩、要找什麼樣的工作等等，搞不好都受到某種社會力量的影響，而這種力量，和掌控我們在音樂會結束時該怎麼拍手的力量，在形式及影響力上居然相同，這想起來令人有點洩氣。但我們徹頭徹尾是社會性的動物，我們無法離群索居。我們並不是自己想像得那麼自由自在。

保持簡單

任何事情都沒有「完美」或「完整」的模型；只有忽略掉圖像中的部分細節，我們才能回答那些真正重要的問題。

為什麼銅是電的良導體？物理學家都知道，銅塊裡的質子、中子和電子之間，是有重力把它們連在一起的，但是他們也知道重力實在太小了，可以忽略不計，重力不可能和銅原子之間的晶體排列結構有什麼關係，而晶體結構卻是銅導電的主因。這裡面有一項不能忽略的關鍵點是，銅原子靠在一起的時候，有一個電子會從它原來的原子滑開，可以在整塊金屬裡輕易移動。

當我們要解釋任何事情的時候，必須注意到重要的細節而忽略那些不重要的。在對待社會原子和由它所構成的世界時，也是一樣的。把我們說成是有適應能力的解決問題者，並沒有太大的用處。我們並不是個理性的計算機器，而是一種能夠辨認出模式，而從錯誤中學習的生物。這種說法當然忽略掉許多細節，但從上一章我們已經看到，這個簡單的起點已經能夠解釋金融市場的基本特性，這是很多「複雜」的理論辦不到的。

然而，辨認模式和適應性，是針對個別社會原子而言的。我們生存於群體之間，這一點給了我們很多的額外機會。透過（刻意或無意的）模仿，我們獲得了安全感，有時甚至趁機把別人當成工具或提供線索的人，協助我們做自己的決定。這不一定是件好事；正如哲學家霍弗（Eric Hoffer）曾經提過的，「人們可以自由做自己喜歡的事時，他們通常會互相模仿……賦予個體無限自由的社會，往往會到達一種令人納悶的酷似性。」

但是，人類社會裡有許多最重要的東西，例如那些關係到信任與不信任、怨恨及妒忌、仇視與憎恨、責任感及奉獻的強烈社會互動，還沒有出現在我們的圖像中。在社會原子之間，我們**可以把模仿想像成一種「弱」的互動**，我們把彼此當成資訊的攜帶者；但還有別的「比較強的」互動。

如果弱的社會物理力量，可以把人們連結成一群行動電話的購買者或LV包包迷，那麼使朋友、家庭、社群凝聚在一起的，就是與合作及競爭有關的強的社會物理力量了。我們可以把這些力量看成人類社會的「強」互動，然後我們會看到，這些互動也會迫使我們進入一些群體模式之中，儘管這些模式不是個體有意產生的。

6. 合作是上策

人應該是朋友的朋友，以禮物回報禮物。
對別人的微笑答以微笑，而以謊言對付別人的欺瞞。

——《埃達》（*Edda*），十三世紀的古冰島文學作品

二〇〇四年十二月二十六日，當地時間上午八點，蘇門答臘外海的印度洋發生規模九．一五的地震。海床瞬間變形，兩小時之後暴發了嚴重的後果。在泰國寇立（Khao Lak）海灘，美國觀光客湯普生正在拍照，他拍的兩張照片前後只隔了七秒鐘。

在第一張照片裡，海灘空蕩蕩的，幾百名當地人和遊客目瞪口呆地看著突然發生的退潮現象。在第二張照片裡，海灘上掀起濤天巨浪——災難性的南亞海嘯。湯普生一面往旅館高樓層狂奔，一面繼續舉高相機朝後又拍了幾張照片。他背後及下方的巨浪一路橫衝直撞，

夾帶大量的碎片和斷垣殘壁，摧枯拉朽，所到之處一片狼藉。一時間，南亞各地都受到類似的巨浪侵襲，最後造成二十八萬三千人喪生。這場災難提醒我們在巨大的自然力之下，人類是多麼脆弱。[1]

唯一能和這場可怕海嘯的破壞力相抗衡的，就是那些倖存者的意志與堅強，以及全世界傾注的同情心。幾週內，全世界的個人和國家，捐出超過七億美金給救援組織和當地政府，人們開出巨額的支票，給那些他們不可能碰面的陌生人。湯普生和數千名劫後餘生的人一樣，自費繼續留在災區，協助分發各地送來的救援物資。一年內，個人、企業和政府總共捐了一百三十億美元。

人類最高貴的情操之一，就是自我犧牲的能力，好讓別人更快樂、更健康。常常有人跳進洶湧的河裡拯救落水的小孩，有時也有人會為自己的寵物跳進水裡。在九一一事件世貿大樓的死難者當中，有一位是因為不忍心拋下不良於行的同事，而沒有及時逃生，另外有幾個人背著下肢癱瘓的同事和她的輪椅，走下六十層樓到達地面。

曾經是美國海軍陸戰隊的作家亞歷山大，在他的書《最大犧牲》中，描寫了二次大戰期間發生在硫磺島浴血戰中的一則故事：一位已經失去一條手臂的軍人，為了解救同袍，撿起一枚日軍丟過來的手榴彈，直接衝進一座碉堡內[2]。對大多數人來說，這類的事並沒有什麼好奇怪的。

難解的利他行為

世界上每一種文化的道德標準裡，都賦予自我犧牲非常高的評價。縱然如此，這仍是個難解的謎，畢竟高道德與自我犧牲到最後都得面對生物現實的嚴酷考驗。把別人的利益放在自身利益之上的生物，在演化上並沒有什麼好處。

帶著小獅子的母獅，絕不會把自己辛辛苦苦得來的獵物，分給一群野狗吃，連別的獅子都休想分一杯羹。大灰熊也不會憐憫自己捕殺的鮭魚，反而會想盡辦法，侵入附近其他灰熊的地盤。連植物都彼此競爭，搶占有光照的位置；微生物之間也常進行生化戰爭。基本上，演化是一種割喉之爭。

事實上，生物學家和社會理論學家普遍認為，人類和其他的生物一樣自私自利，而任何表面看來的無私，若不是弄錯了，就是自私的巧妙偽裝。

舉例來說，純粹的利己行為，有可能自然而然產生出近親之間的利他現象。由生物學上來看，我們的基因有它自己的「利益」，要把自己的複製分身延續到後代。為了增加成功的機率，我的基因會讓我關心自己的利益，同時也注意我孩子的利益。但比較不那麼明顯的是，它們也讓我關心自己的手足（因為他們有一半的基因和我完全一樣），以及我的堂表兄弟姊妹（他們和我有四分之一的基因是相同的）。從「自私的基因」的角度來看，幫助親兄弟姊妹或堂表兄弟姊妹生存，也等於是幫助我們自己的基因往下傳遞。[3]

經濟學家認為，還有其他各種經過偽裝的貪念，可以解釋我們為什麼會給餐廳服務生小費，或幫同事的忙，或是解釋為什麼德國賽車手舒馬克，捐了一千萬美金給南亞海嘯的救難行動。今天給的小費有交換目的，我們希望下次再來的時候，能得到更好的服務；那些我們幫過忙的同事，在我們需要的時候也會回過頭來伸出援手；而舒馬克就像很多公眾人物一樣，知道良好的社會形象是非常重要而且有價值的。

但真是這樣嗎？人類的行為裡沒有真正的「無私」嗎？歷史上那些冒死拯救受傷同袍的軍人們，又怎麼說？在納粹占領的歐洲地區，那些冒著生命危險藏匿猶太人的平凡百姓，又是怎麼回事？經濟學家法蘭克（Robert Frank）曾經提過，「從現代利己理論的眼鏡看出去，這些人的行為就好像行星繞著正方形的軌道運行一樣。」[4]

在這一章，我要談談社會原子的另一項特質——和別的社會原子發生互動時，人們所展現出來的傾向。我們已經看到社會原子如何解決問題，如何犯錯，如何利用環境中其他原子提供的線索，同時經常模仿別人的行為，甚至有時候還從中得到某些好處。但我們還沒有談過社會原子如何和別人面對面互動，互相競爭與合作。

過去十年的研究，好像為利己理論蓋棺論定了。但結果是，追求個人利益只是人類互動的一部分，而**大部分的人並不像經濟理論學家長久以來所假設的那麼貪婪**。不僅如此，人類真的有利他行為，而且還相當普遍。

更令人驚訝的或許是，這種利他行為的解釋非常複雜，需要「社會物理學」做更深入的探討，看看當許多社會原子聚在一起的時候，個體的行為怎麼變成群體的行為模式。正如我們即將看到的，這種「利社會」（prosocial）和利他的傾向，深植於社會自我組織的機制當中，而且可能是我們人類可以成功結成大型團體和機構的原因。

做個「自私的」好人

對於人類合作的解釋，標準的說法是這樣的：我們之所以為別人做事，是希望能從這件事上得到一些回報。如果兩個人可以從彼此的合作當中，立刻得到一些效益，那麼合作就沒什麼好奇怪的了。

如果某個農人有兩套犁、一匹馬，他的鄰居有兩匹馬和一具犁，他們暫時交換一下馬和犁，彼此都能立刻獲益又沒有什麼風險，何樂而不為呢？但是很多的合作情況比較複雜，往往需要一些協商技巧，這時雙方都可能獲得某些利益，卻也面臨受騙的風險。甚至在二百五十年前，蘇格蘭哲學家兼歷史學家休謨（David Hume），也碰觸了這個兩難困境的核心問題：

你的作物今天成熟了，我的作物明天也將成熟。我今天若幫忙你收割，你明後天也來幫我，那我們都互蒙其利。就這件事而言，我對你並沒有什麼恩惠，你對我也一樣。因此，我將不會為了你的緣故多付出；假如我為了自己、期望你有所回報，而和你一起收割，我知道我八成要失望。於是我決定袖手旁觀，你也採取同樣的態度。季節更迭，而我們兩人由於缺乏對彼此的信任與安全感，都損失了很多收成。[5]

若依據現代的賽局理論，這種不幸的結果似乎是不可避免的。賽局理論推測，在這種情況下，自私自利的人永遠不會合作。這個理論基本上是重述了休謨的想法，認為：兩個完全自私的農夫如果只需要面對一次這種收成困境，最好的策略是讓對方幫忙自己收割，而自己卻不必去幫助他。

由於彼此對這個策略都心知肚明，因此沒有人肯在收成的第一天先主動伸出援手，因為他知道自己第二天一定會上當。因此，如果兩位農夫只需要面對一次困境的話（這是非常重要的關鍵點，我們以後會再談到），他們會拒絕合作。[6]

然而，在各種類似的情況下，人們確實會經常合作。這是怎麼做到的呢？正如社會理論學家的了解，往往是通過「互惠利他」（reciprocal altruism）的機制，建立互信並維持下去。基本上，如果兩個人經常交手，上面提到的情況就會完全改變。

以農夫為例，他們每年都會碰到類似的收成或農事問題，而互相合作能夠使雙方共蒙其利。如果其中一位背信，不管在任何事情上，都將使自己得不償失——破壞了互信的基礎之後，別人將拒絕再合作。**「經常交手」會使整個邏輯完全改變，因為它會使雙方有某種「討論」的機制**，只要對方一直保持合作的態度，自己也會採取合作；任何欺騙的企圖，都會在下次有合作機會時得到懲罰，對方將拒絕合作。正如密西根大學的政治科學家愛梭羅德指出的，這套邏輯不僅適用於農民，當然也適用於所有面對類似情境的人。[7]

一九一五年，英國陸軍上尉達代爾帶領一批新兵，到達比利時境內英德對抗的戰線上，他和這批新兵是來替換苦守戰壕已久的老兵。但在正式換防的前幾天，達代爾對自己看到的情況瞠目結舌。英軍對待敵人顯然十分寬厚，竟連非常清晰的目標也懶得去射擊。

達代爾後來回憶當時的情形：「德軍在他們戰線的後方走來走去，顯然在長槍的射程之內，但我們的人卻視若無睹。我私下決定在我接管防務工作之後，絕對不允許這種事發生。這些人好像不明白自己在打仗，雙方彷彿是採取一種『我活你也活』的策略。」8

從邏輯的觀點來看，這種令達代爾不解的行為並沒有什麼好奇怪的。在第一次世界大戰初期的浴血苦戰階段，雙方人馬你來我往，動員得很快，但後來戰況僵持而停滯，敵對雙方隔著幾百碼的戰壕互相對峙。同一批人彼此面對面好幾個月，如果整天都以重火力互相攻擊，雙方都會損失慘重，但如果雙方都釋出善意，就都不會有什麼重大損失。

經過反覆的互動，雙方學會了合作，以自己的合作換得對方的合作，而任何一方違反，會遭到對方的猛烈報復。砲擊的時間似乎有一致的時間表，落點也能預測，雙方都在展示自己的手腕，當成一種含蓄的警告，同時也釋出他們想避免對方死傷的善意。

從根本來看，這種互惠式的利他行為當然不能算是真正的利他行為，而只是一種能讓自己免除困境的高明策略。在過去的三、四十年中，很多生物學家和社會理論學家都相信，所有的利他行為背後，都有相同的策略思考，利他主義者永遠希望自己的善意得到某種回報，充其量只是利己的美妙偽裝。利己主義者可以透過幾種機制，利用現在的付出謀求日後的回報，而互惠利他只是其中的一種機制。經由慷慨的行動，一個人可以累積別人對他的感激以及善意。無私的行動可以為自己建立值得信任的名聲，日後能帶來益處。

利己的雙方之間的這種「策略性」合作，需要一再互動，以便利用自己的合作策略為餌，誘使對方合作。**缺少了這種後會有期的機會，合作就像沙漠裡花朵一樣，必定會枯萎**。一次大戰時「我活你也活」的動人故事，後來發展出令人沮喪的結果。大戰接近尾聲時，戰場上出現坦克車，戰爭的節奏加快，軍隊調動頻繁，再也沒有那種兩軍長久對峙的景況，「我活你也活」的邏輯也隨之消失了。

上面所說的，是直到最近為止，對於人類合作行為之謎的主流想法的大致總結；其中大部分仍是很好的主張，因為社會原子常常是自私的，會在策略考量下進行合作。幾乎毫無疑問的，我們是天生的賽局高手；甚至有許多研究顯示，我們似乎有某種生物性的機制，可以測出騙子。舉例來說，當某些情境的設定暗示我們有被騙的可能時，以及沒有這種可能性存在時，我們一般比較容易察覺前者的微妙模式。

試試看下面這道謎題。假設你最近搬到波士頓近郊，有人告訴你，所有進波士頓市區的人都是搭地鐵去的。現在看看下面四張卡片：

1. 波士頓　3. 地鐵

2. 阿靈頓　4. 計程車

每張卡片的其中一面，標著某個人的目的地，另一面則標出他使用的交通工具。現在你的任務是：指出「只」要翻哪幾張卡片，來看看卡片上的資訊有沒有違反你聽到的訊息：去波士頓市區的人都搭地鐵。

從邏輯的觀點來看，答案是第一張和最後一張。你要翻第一張的原因是，這個人到波士頓市區，你必須看看他是不是搭地鐵去的。你檢查最後一張卡片的原因是，他搭計程車前往的目的地最好不要是波士頓。如果你不知道正確的答案，也不必洩氣；在這一類的實驗裡，只有百分之二十五的人會答對。但接下來是最有趣的部分了。我們再做一次測驗，碰到的情況是完全相同的邏輯，只是資訊的內容不同。

假設有人告訴你，學校裡的孩子如果協助整理遊戲室，下午就有餅乾可以吃。下面的四張卡片是一個小孩子的相關資訊，一面是他有沒有協助整理遊戲室，另外一面則是他有沒有吃餅乾：

1. 有吃餅乾

2. 沒吃餅乾

3. 有幫忙整理

4. 沒幫忙整理

同樣的，你要指出應該翻哪幾張卡片，來確定是否有小孩子違反規則。答案也是第一張和最後一張。這次是不是好像比較簡單些？在這種實驗裡，大約有百分之六十五的人說出正確的答案，而且答案似乎是自動跳出來的，分明是它的內容刺激了我們的腦子，以不同的方式來處理這些資訊。

顯然，你不必去檢查那些沒有吃餅乾的孩子，或者協助整理遊戲室的小孩，這些人不可能違反規則；只有那些吃了餅乾和沒有協助整理的孩子要注意。順著這個思路的很多實驗，顯示我們有測出謊話的傑出本能，這可能是因為，學會與人合作而又不受騙，對我們的演化祖先來說是極為重要的[9]。

社會理論學家在過去二十年來學到的一件事可能就是，人的行為並不像理論說的那樣。理論說，如果人們不期待未來會有什麼回報的話，絕對利己的邏輯會導致完全沒有利他行為出現。但令人驚訝的是，事情並不全然是這樣的——有一些人似乎真的表現出「純然利他」的行為。

最後通牒遊戲

假設我把你帶進一個房間，讓你坐在一個完全陌生的人旁邊。然後我交一百美元給你，並且告訴你，必須把錢分給身邊的陌生人，從一元到一百元，給多少都隨便你。如果對方接受了，那麼錢就是你們的了；如果他拒絕接受，你就必須把一百元都還給我。你只有一次機會，之後你和這位陌生人將各走各的，永遠不會再交手。你會怎麼做？

如果你是個真正的理性主義者，而且你相信，人類所有的行為都是很理性的，都在追求自己最大的利益，那麼選擇就很簡單了。你們只有這次交手機會，而這個陌生人也是追求一己之利的，因此沒有什麼選擇餘地。不管你分多少錢給他，他只有接受與拒絕兩途，而有錢總比沒錢好，所以他一定會接受。因此，你可以盡量少給他錢，比方說給一元吧，你有信心對方一定會接受，你也可以帶著九十九元離開。

對於這一點，經濟學賽局理論的邏輯非常明確又簡單，因此理論學家甚至沒興趣多花腦筋，就接受了這種賽局式的情境——它有個專門的名稱叫做**「最後通牒遊戲」**（Ultimatum Game）。

一直到十五年前，才有人想用真實的凡人來實際測試一下這個遊戲。過去這十多年間，研究人員終於了解到，發現人類行為法則最好的方法，並不是靠完全理性或純粹利己的假設前提來推導，而是實際用社會原子來做實驗，用實驗來探測他們的想法和情緒，就像物理學家對待原子那樣。「最後通牒遊戲」就是個典型的例子。

到現在為止，研究人員已經測試了好幾百個這種遊戲，一般都是利用志願的學生，通常是要學生分配十元或二十元左右的金額。令理論學家吃驚的是，在這種只有「一面之緣」的實驗裡，得到的結果相當一致。那些充當「提案人」的學生，大約都提出四〇%左右的金錢給對方，或許是因為他們覺得這樣比較公平，或者是怕對方拒絕。這些學生扮演「接受者」的時候，一半以上會拒絕低於二〇%的分享，就算金額提高到數百元也一樣。顯然，極少學生表現出預設的利己行為。

這種結果和經濟學家的預期實在差太遠了，因此一開始他們根本就拒絕接受。舉例來說，有些理論學家反對的理由是，受試者在實驗過程中，可以看到對方的臉，因此可能會預期日後有機會碰到同一個人，這使得他們遵循一般的互惠利他邏輯，做出合作的行為。但現在研究人員利用電腦做同樣的實驗，雙方可說是完完全全的陌生人了，未來所有可能產生的顧慮都不存在了，實驗的結果還是一樣，人們依然表現出合作的態度。

傳統理論學家反對的另一個理由是，大部分的實驗對象都是學生，實驗的結果只反映了學生的天真和理想主義特質，並不能代表普通人的行為。然而，進一步的實驗連這種搶救正統的最後掙扎都推翻了。

幾年前，艾默里大學的人類學家亨利區（Joseph Henrich）以全球十五個不同文化族群的人為對象，進行「最後通牒遊戲」的實驗，範圍從坦尚尼亞的農民到祕魯。為了使參加的人重視這項遊戲，亨利區設定的金額約為當地一、兩天的所得。他們發現，有些文化裡的人真的非常慷慨，例如巴拉圭東北部的阿契人（Aché）和印尼的拉美拉若人（Lamelara），提議分給對方的金額平均超過五〇%。但更重要的是，不同文化背景的人表現出來的行為，都和經濟學家設想的利己行為相去甚遠。**就連最吝嗇的人，平均都提出二五%以上的金額與對方分享**；如果提議的金額低於二五%，不分種族文化，對方通常都拒絕接受。

亨利區團隊的結論是：「除了本身的實質收益之外，很多實驗對象還關心公平互惠原則，他們會願意自己少分一點，也願意回報那些表現出合作意願的人，而對於那些沒有合作意願的人，即便他們有所損失也要處罰。」[10]

為了確定並非「最後通牒遊戲」本身有什麼特殊之處，研究人員還進行了許多其他的實驗。這些實驗的技術細節雖然都不一樣，但目標都是一樣的，都想引出人在這種類似的情況下會有什麼行為反應；是追求自己的利益，讓錢輕鬆落袋，還是承受一些損失，遵守社會上的公平基準。

這個遊戲有個稍微不同的版本，叫做「獨裁者遊戲」（Dictator Game）。在這個新版本裡，唯一的不同是，資源由獨裁者分配，接受者不能拒絕。即使在這種已經沒有被拒絕顧慮的情況下，很多人還是提出相當合理的比例給對方，顯然是出於一種公平的感覺[11]。

普遍來說，這些實驗告訴我們，人們都傾向成為一種經濟學家所謂的強烈互惠者，願意主動釋出善意和對方合作，不考慮日後是不是有利可圖，或是會處罰那些他們覺得不太合作的人。

令人有點尷尬的是，研究也顯示，現代經濟學理論有它自己的文化影響力，會使得經濟學家的行為表現稍異於「常人」。有項研究是以不同學門的研究生為對象，讓他們扮演類似於休謨所描述的農夫情境[12]。

其中研究心理學或數學的研究生，行為表現和一般人相同；而那群經濟學的研究生，顯然吸收了「人會採取利己行為」觀念，自己也表現出同樣的行為——他們拒絕合作的比例，比其他學門的學生高出很多。事實上，研究經濟學（尤其是以前那種教學方式的經濟學），似乎會讓人變得比較貪婪。正如負責這項研究的人所說的：「長期接觸利己的模型，真的會鼓勵利己的行為。」現在全球有很多政府都聘請經濟學家擔任顧問，想想這批人有多大的影響力——我認為這是個令人憂心的現象。

總結來說，在這些實驗裡出現的一些利他行為，似乎是一種「真正」的利他行為，從利己理論的觀點來看，這根本沒道理。有了**社會原子的新圖像（這種圖像根據的是證據，而不是揣測）**，大家對南亞海嘯災民的慷慨解囊，就不再是不尋常的事了，而是呈現出人們的一種共同模式。

不過，觀察人類行為的模式，並不等於做了解釋。在生物演化過程裡，那些犧牲自己去協助別人的生物，顯然處於不利的地位。從科學的角度，該如何解釋這種利他行為？

人性本善？

表面上看，似乎用情緒的理由就能說明這一切。粗略說來，幫助別人會使我們開心，在助人的時候，我們覺得自己是個好人。而在對別人吝嗇的時候會有點內疚；履行對別人的義務，我們可以得到精神上的回報，尤其在以德報怨的時候，更有心理上的滿足。在評估一個動作的正反兩面時，個體不僅會計算外在的收益，也會同時計算內心的回報。大多數人由自身的經驗，覺得為善最樂。從進行經濟學實驗的同時得到的腦部影像，也支持了這一點。

伯恩斯在做從眾實驗的前幾年，曾帶領一組研究團隊，讓志願受試者處在類似「農夫困境」的情境中，雙方可以經由合作而互蒙其利，但都有欺騙對方的誘因，犧牲對方來提高自己的利益。

由腦部的影像可以看出，參與遊戲的人在合作的時候，腦子裡最活躍的部分包括依核（nucleus accumbens）和眶額皮質（orbitofrontal cortex），都是和處理情緒滿意度有關的區域[13]。二〇〇四年，蘇黎世大學的經濟學家費爾（Ernst Fehr）及心理學家德克羅文（Dominique de Quervain）在類似的實驗裡發現，人們處罰欺騙者時，即使自己蒙受金錢上的損失，大腦裡也是忙個不停[14]。

不過，這些都只是部分或近似的解釋。生物沒有辦法依靠情緒的滿足感而活，它們需要食物、庇護所和伴侶。更深的議題是，為什麼我們會有那種情緒？它在生物上對我們有什麼幫助？特別是當我們做出極端的利他行為時，比方說軍人犧牲自己拯救同袍的時候。從生物的角度來看，這種行為有任何我們想得出來的意義嗎？如果沒有，為什麼演化過程沒有淘汰有這種情緒的人？這在科學上一直是個有爭議的謎。

有個可能性是這樣的：演化過程的確會把這種人慢慢淘汰掉，只是工作還沒有完成罷了。大家必須記得，我們人類並不是一直生存在今天這種環境裡。正如美國航太總署在一九六〇年代的一份研究報告指出的，大家熟悉的現代世界，其實只占人類生存史的極小一部分：

如果用八百個人的一生的加總，來代表五萬年的人類史。在這八百人當中，前面六百五十人都居住在洞穴或更糟糕的居所裡；只有最後那七十人，有真正可以和別人有效溝通的方法；只有最後六人會看到印刷出來的字，真正有方法測出冷熱；只有最後四人可以準確測出時間；只有最後兩個人用過電動馬達；而構成今日世界的大部分物品，只出現在第八百個人的有生之年。[15]

在百分之九十九的人類歷史中，我們的祖先每天會面對的事，就是和小團體裡的成員反覆互動，經過無數的生命的數千個世代，一直維持著類似的生存環境。換句話說，經過無數次的實際生活經驗，**我們的祖先已經養成一種互惠利他的邏輯**。我們至今依然存活下來，大部分是因為我們的祖先把這種邏輯內化成了心智的一部分，由於這種邏輯，人類得到了合作的益處。

不過，這並不能直接解釋現代心理學實驗裡發現的真正利他現象，在這些實驗情境裡，陌生的玩家只會碰面一次；畢竟，互惠利他是一種很敏感的策略，需要反覆的互動。但是，很多演化生物學家和人類學家認為，**我們這個習慣已經非常根深柢固了，使我們產生一種本能上的錯誤**。就像前面提過的，那些大學生面對很簡單的算術問題，會發生本能的錯誤，在這些實驗裡，人們也可能是出於本能，把只會交手一次的人，當成會實際反覆互動的同伴來看待。

這個想法似乎有點道理。但是仍有許多反對的意見。舉個例子，它說我們的祖先只和一小群人互動，就不見得是正確的。特別是在發生一些危機，如罕見的洪水或乾旱之後，這些小團體的成員必須冒險走出去，到遠方尋找水源或獵物，這時候一定會碰上從其他小團體出來探險的陌生人。亨利區利用了現代狩獵採集者的旅行數據，推測這種關鍵的「一面之緣」必定經常發生：

如果我們是「逆向工程師」，利用現有的經驗證據回推到祖先的適應環境，就會預測出我們的祖先其實經常碰到陌生人，而且這些相逢大致有很不錯的結果……從小規模的原始社會和黑猩猩社會的數據，可以清楚看出，和陌生者的互動也是很普遍而友善的。[16]

不過，這種交手也可能很危險，因為每個人所屬的部落正面臨生死存亡的關頭，而他們正代表了自己的團體。如果有人誤把這種交手一次的情況當成會經常交手的情況，錯誤地釋出合作的善意，演化對他是不會留情的。看來，這種適應不良，應該很早以前就被消滅了。

如果這樣的話，強烈的互惠行為就仍然是個謎。不過還有一個可能的解釋，而且更自然，那就是：**強烈的互惠行為和社會凝聚的基本機制有關，而且是一種更基本的社會機制，使我們的祖先能夠凝聚成一個有分工機能的群體**。讓我們身為最社會性的動物的核心因素，可能就是這個。

不合作，就淘汰

沒有人喜歡繳稅。但是如果我們要有順暢的公路系統，有國民義務教育，有公共衛生計畫，有軍隊保衛，我們就必須繳稅。這些是經濟學家所謂的「公共財」，每個人都能享受到這些事物的好處，不管你有沒有付出。而社會學家都了解，這種付出與享受之間的分離，可能造成非常重大的社會問題。如果不論個人是否有所付出，都能享受它的成果，那麼每個人都會心存僥倖，例如仍然使用道路，但由別人去付出，最後就會造成社會的反功能（dysfunction）──也就是有名的**「共同悲劇」**。

在一九六八年，經濟學家哈定（Garrett Hardin）首度把這個問題說清楚，這是所有社會科學裡最基本的問題之一[17]。哈定用了一個簡單的比喻。想像有個村莊，裡面有塊中央牧場，牧場上牧草豐美，人人都可以在上面放牧。這個牧場就是一種人人都能享受的公共財。當然，青草是能夠再生的，只要村民限制放牧的總量，這項公共財是可以持續下去的。

不幸的是，如果村民沒有建立一套體制來限制放牧的牲口，全靠每個人自我設限，那麼從公眾的角度來看，就會出現休謨在很久以前所預見的，農夫的失敗教訓的翻版。

如果每個人只重一己之利，那麼限制自己放牧的牲口數就對自己不利，而且他也不相信鄰居們會限制他們放牧的牲口數。推測牧草可能明天就會被吃光，我今天就盡可能把所有牲口都放上去，而你也這麼想。人人都想在公共財消耗殆盡之前，拿到自己那一份，過度放牧的結果當然是牧草枯竭，結果大家都蒙受損失。

就像社會現象一樣，這種共同悲劇也很容易在實驗室裡驗證。舉例來說，蘇黎世大學的費爾和他的團隊，就曾找了幾個志願者來參加「公共財」的賽局，並進行研究。

開始的時候，他們給每人一些錢，就說是十美元吧；每一回合，每個人可以決定捐一筆錢給「公共基金」，捐款的數目從一元到十元皆可。等到人人都捐了之後，實驗主持人把基金收集過來，並讓基金加倍，再平分給每個人。這個加倍動作是主要關鍵，因為它算是反映了整個群體在投資公共財之後，不管是公路或是牧場，得到的正面回饋。如果有四個人，每人都捐了十元，公共基金就有四十元，實驗者加倍之後，就變成八十元，再平均分給大家，每個人就有二十元了。每個人都賺了十元。

但這個賽局有趣的地方是，**每個人都有作弊的誘因**。如果其他人都很大方的捐獻，那麼一毛不拔的作弊者，賺得更多。假設有人沒捐半毛錢，其他三個人還是老老實實地捐十元，公共基金就會是三十元，加倍之後是六十元，每個人可以分十五元，什麼都沒捐的老兄也可以得到十五元，而不是原先的十元。

在實驗裡，想額外獲利的誘惑會逐漸腐蝕原來的合作關係。研究人員發現，在實驗的最初幾回合，大家共同合作的意願很高；雖然很自私的人一直在作弊，但大部分參加賽局的人都有強烈的合作意願，都慷慨捐款，因此大家都得到好處。但是，其他參與者會發覺有人作弊，沒有人願意當傻瓜，眼睜睜看著作弊者不勞而獲，因此每進行一回合，參加者就越疑心，並且為了還以顏色，也採取作弊的行為。原先的公益精神，退化成自掃門前雪，多數人都不捐款了。[18]

由這個簡單的實驗可以看出，**心胸狹窄的自私者，足以破壞大團體裡合作關係的維持**。理論研究也顯示大致相同的結論：在自私自利的行為者之間，互惠利他或其他合作方式的建立，只會出現在小群體裡。如果群體的人數高達三十人或五十人，就別想了。

直到最近，社會理論學家只知道一種方法可以解決這個難題——沒錯，就是政府，或是一個有力的個人或機構，它能強制每個人把私有的利益交出來，或是透過處罰來抑制欺騙的行為。因為有政府，我們（或者說大部分的人）才會乖乖繳稅。

但是，研究人員又做了更進一步的實驗，把社會原子放在不同的條件下，看看會發生什麼事，結果發現另外有一種方法，可以避免共同悲劇的發生。

費爾和他的同事把原先的實驗做了一點改良，讓所有參加遊戲的人能夠用一元的成本，當作「預付罰金」，來處罰他們覺得在上一回合沒有捐足夠錢的人。大家都要支付一元，算是成本，而被處罰的人會損失三元，這些錢都會轉進公共基金。預付罰金的人，當然拿不回一元，但是看見有人作弊，使許多人感到憤怒，所以他們十分樂意付一點成本。

有了處罰的威脅，作弊行為就比較沒有誘因，後續的進展也跟著改變：在經過十個回合之後，合作關係仍繼續存在。看樣子，有了強烈的互惠心態，就有可能出現長期而穩定的合作關係。[19]

現在再回頭想想我們的狩獵採集祖先，這些簡單實驗的結果就顯得意味深遠了。當時沒有政府組織，**群體的生存依靠不能失敗的合作關係**，不管是採集食物，捕獵大型動物或防禦其他群體的攻擊，都不例外。

正如現在所顯現的，強烈的互惠心態，也許正是能促使社會原子彼此合作的行為特質，是一種社會的膠合劑；個體層次的這種「物理學」，能夠自然而然地發展出群體層次的合作關係與凝聚力，很像原子之間的吸引力使它們結合成為固體那樣。我們今天之所以會有強烈互惠傾向，可能是因為這種傾向協助我們的祖先凝聚成群體，贏得了嚴酷的生存考驗，而那些比較在乎個人利益的遠古祖先們，因為不能合作，就遭淘汰了。

麻州大學安默斯特分校的經濟學家金提斯（Herbert Gintis）及加州大學洛杉磯分校的人類學家博伊德（Robert Boyd），提出了數學上的支持。他們運用電腦模擬，研究早期狩獵採集者在群體內部以及不同群體之間的自然競爭情況。這些早期的群體，會彼此競爭領土、食物或伴侶，如果有能力促成有效的合作，就有很明顯的優勢。關鍵是，研究人員在模擬的過程裡，引進了兩項因素。

首先，在同一個群體內，成員之間會彼此競爭食物和伴侶。在這裡，強烈的互惠心態並沒有任何好處；事實上，它顯然還是個缺點，會被群體內比較自私的人剝削。由正常的演化運作來看，這種有強烈互惠傾向的人會逐漸減少。如果這是唯一的自然力量，他們在很早以前就該消失了。

但有另一項作用正好相反，即群體和群體的競爭。那些成員之間更合作的群體，一般表現更好，這時候，強烈互惠成員比例越高的群體，會贏過那種比例較低的群體，或是比較能採取有效的群體行動，來度過類似長期乾旱之類的難關。因此**在群體競爭的層次上，演化會淘汰那些成員都持利己心態的群體，而讓那些有很多利他主義成員的群體存活下來**。

金提斯和博伊德的研究指出，如果群體層次的競爭力夠強，自然會使具有利他傾向的人，在全部人口中占很高的比例。結果是，身為利他主義者，對你個人或許沒什麼幫助，但卻能幫助你所屬的群體。合作對群體的生存來說變得越重要，真正的利他主義就越能存在，因為它幫助了我們祖先們的群體，度過嚴酷的生存考驗。

這些發現說明了，利他的心態並不是一種適應不良，相反的，它可能是人類成功的主要因素；它提供了一種社會聚合力，使我們的祖先能結合成更強大、更有彈性的群體。我們畢竟不是那麼自私和自我中心，某些真正的慷慨特質，或許真的演化出來了，而且至今還是社會凝聚力的主因，使今日的世界比往日更好。我們是天生就有合作習慣的生物。

奇妙的「群體」自我

一七九三年七月，一位名叫夏洛特・科黛（Charlotte Corday）的二十多歲年輕女子，由法國西岸的康城祕密潛入巴黎。第二天，她帶著一把從市場買來的長刀，潛入馬拉（Jean-Paul Marat）的家，把他刺死在浴缸裡（譯注：大衛的名畫「馬拉之死」，描繪的正是這個場景）。

馬拉是法國大革命期間的狠角色。科黛行兇之後，並沒有企圖逃離現場，反而平靜地接受逮捕。她是有意犧牲自己的性命，覺得自己做的是件愛國行動。一週之後，她就被處決了，在處決那天，她寫了一封信給父親：

親愛的父親，請原諒我，在沒有得到您的允許之前，就逕自決定自己的生死。我已經為很多無辜的犧牲者報了仇，也避免了很多人的死難。有一天，很多人會醒悟，欣喜自己脫離了暴君……請您原諒我，或者為我光榮的犧牲感到欣慰。……[20]

要真正解釋為什麼科黛會覺得自己是為大家犧牲性命，當然要仔細研究她的成長背景和人格特質，她在法國大革命前後的生活，她對馬拉的看法，以及馬拉在大革命期間的作為，才會知道為什麼她覺得馬拉死了以後，一切會變得更好。

要解釋九一一事件中，紐約市消防隊員的無私行動，可能要去發掘他們的人格特質，以及促使他們投入消防工作的過往。對於任何人在任何時間與地點所做出來的無私行動，解釋起來好像都需要同樣的歷程。

但要解釋生物為什麼在嚴酷的生存環境中，仍能容許真正的利他行動，則是一個科學問題，而不是歷史或心理學問題。認為社會原子貪心而利己的傳統看法，根本就不對，它無法說明各種無私的行動，也不能解釋每天有數百萬人採取合作的態度，並不期待將來的回報。

我們有很多人好像天生就預設好這種助人的心態；我們或許不會獻出生命，但卻會主動伸出援手，或付出金錢和時間去幫助別人，並不希求將來的回報。人們在街上為陌生人指路，花時間讓投錯地址的信件重新上路，或是拾金不昧，都是這種心態。

我們在社區、公司、學校或俱樂部裡經常碰到的大規模合作，都不是利己的假設可以說明的，我們現在才剛開始了解為什麼——無私的行為似乎真的存在，因為它是大規模合作必須具備的人格特質，是社會原子的特性之一。世世代代下來，那些擁有利他主義者的群體，勝過沒有這種成員的群體，自然就使得這種行為傳布開來。

正如我們在前面所說的，要了解這一點，**我們需要的是一種簡單化的觀點**，而不是複雜化。意思是說，我們先獲得一個描繪社會原子的好的基本圖像，然後把很多社會原子放在一起，看看會出現什麼令人驚奇的現象。在這裡，我們看到了，個體的表現其實並沒有受到個體行為多大的影響，反而取決於個體行為對於所屬群體的群體行為，有多大的影響；**自身的習慣，不容易和所屬群體的群體行為做切割**。

就像電力和磁力促成了化學上的定律一樣，社會原子的利他性格，使自己隨時隨地準備在社會中和人合作。經濟學家長久以來感到大惑不解，為什麼許多公司支付員工過於優厚的待遇，好過他們能在別處得到的。經濟學家也不了解為什麼許多員工為公司賣力，付出的程度超過公司支付的待遇。

這些和其他許多看似「異常」的日常現象，現在不再像異常的了，除非還有人不願意接受這個事實：社會原子其實會關心所屬的群體，願意以公平的原則來待人處世，而不是只考慮金錢[21]。

然而，社會原子的強烈利他特質，也不全然是好事。它也有黑暗的一面，我們在下一章將會看到。強烈利他個性的幾個明顯演化起源當中，有個關鍵的元素，就是個體和所屬群體之間的深厚連結，也就是願意和群體合作，就算毫無回報。這件事的另一面就是：我們很多人很容易害怕、不信任、甚至有可能瞧不起其他群體裡的人。

看到現代歐洲中心地帶的南斯拉夫，竟暴發像未開化中世紀的殘忍行為，大家都非常震驚；但如果我們對社會原子的圖像有更清楚的認識，那麼對這件事就不會太驚訝，因為這個圖像告訴我們，伴隨著高貴的慈善之心的，可能就是引發種族衝突的群體仇恨與猜忌。我們天生有製造和平的手腕，而基於同樣的理由，我們也善於製造戰爭——這恐怕是「社會物理學」上最難解的弔詭。

7. 為何人喜歡劃分敵我？

科學最偉大的力量，在於能透過殘酷的客觀性，向我們揭露出我們預料不到的真理。

——拉福林（Robert Laughlin），一九九八年諾貝爾物理獎得主

到一九九五年七月為止，《華盛頓郵報》的記者莎曼莎・鮑爾（Samantha Power）已持續報導了波士尼亞穆斯林（回教徒）和塞爾維亞人之間，將近兩年的血腥衝突。她訪問了從集中營和集體強暴中倖存下來的身心受創當事人，他們之中有人親眼目睹自己的家人遭殺害。她見證了因六、七百年前歷史戰役失敗的復仇慾望，所燃起的深仇大恨。但對我們這些習慣於正常人類文明的人來說，這些都是難以理解的事。鮑爾在後來回想自己的親身經歷，還是覺得有些遲滯，「恍如夢中」：

我在塞拉耶佛工作，當地的塞爾維亞狙擊手常以一堆老婦為練習目標，趁她們帶著裝穢物的容器穿過街道時射擊；本來如畫般的美麗公園，已經變成墓園，好容納不斷湧入的年輕人屍體。我訪問過非常瘦弱的人，這些人在塞爾維亞集中營裡，體重掉了二十公斤，身上還留著永難磨滅的疤痕。我最近才剛報導了四個女學生的屠殺事件。儘管我經歷了這些事，或許正因為有這些慘痛的經歷，使我懷疑自己目睹的那些事，是否只是惡夢一場。

由於自己和現實之間，距離這麼接近，因此當七月十一日，有消息說塞爾維亞軍隊在穆拉迪克將軍的率領下占領斯雷布列尼察（Srebrenica）時，鮑爾並未特別警覺。其實聯合國早就宣布該地為「安全區域」，但塞爾維亞軍隊根本不予理會。

不過鮑爾和其他人一樣，還是認為塞軍不敢貿然激起強烈的國際軍事干預，應該不至於胡作非為。她對後來發生的事，可說毫無心理準備：「斯雷布列尼察淪陷後，過了幾天，有同事從紐約打電話給我。說波士尼亞駐聯合國大使指控，塞維爾亞人在斯雷布列尼察的足球體育館裡，屠殺了超過一千名穆斯林。這應該是不可能的吧。我只回答：『不可能。』我的同事又重述了一遍，我還是肯定地回答：『不可能。』」

結果，鮑爾是說對了，但不是她想的那樣。穆拉迪克屠殺的不是一千人，而是超過了七千人，而且全部是男性和男童，自從第二次世界大戰之後，這是歐洲史上單次人數最多的大屠殺[1]。

就像鮑爾指出的，「這種罪大惡極的暴行，簡直令人難以想像。」我們大多數人面對這樣的事也覺得很難想像。我們大都認為，除了極少數偏離社會價值的職業罪犯之外，一般人的行為或多或少是相當理性的，也不會偏離和平的基準太多，而我們的日常生活經驗也證實了這種想法。神志清楚的正常人，不會以屠殺嬰兒和老婦為樂，也不會專門蒐集頭顱或耳朵來當戰利品，或強迫母親射殺自己的孩子。

我們認為，畸形的行為必定有畸形的原因；集體屠殺以及集體暴力行為，都是瘋狂且邪惡的，因此我們傾向把這種事件歸咎於性格扭曲的少數人（「那些嗜血的塞爾維亞人」）或一些瘋狂的人和激進團體，就像前南斯拉夫總統米洛塞維奇（S. Milosevic）或穆拉迪克將軍。兩種說法的任何一種，都能夠讓我們對人性恢復信心，覺得集體屠殺這種事，不是正常的人類社會做得出來的，而是像社會中的罕見地震或火山爆發。

但如果我們把好的社會結果說成是人類天性的自然產物，那麼把那些不好的結果斥為人性的極度扭曲，似乎也不對。從經驗來看，**我們人類對於仇恨與暴力的能力，和我們對於友誼與合作的能力一樣，都是一種天性，是歷史的一部分**。

對於發生在波士尼亞的事件的正確解釋，應該超脫那種瘋子與邪惡的說法。畢竟，發生在波士尼亞的悲劇，絕不是人類史上的唯一事件；還有很多這類的災難，例如一九九四年的盧安達，或一九一五年的亞美尼亞，或在納粹德國，都是由數百萬正常人的能量造成的，而事件過後，他們當中絕大部分的人，仍會回歸正常的生活。

正如奧地利經濟學家海耶克在二次大戰期間提到的，「最大的悲劇是，大家還沒有看出那個被許多善良的德國人捧為國家英雄的人，已經為大家鋪了一條道路，把大家的力量導向支持那些他們一向厭惡的事情。」[2]

在這一章，我準備依據社會原子的簡單圖像，來探討種族仇恨和種族滅絕的可能自然原因。誠如我們在前一章看到的，很多人的輕易利他心態（也就是我們說過的「強烈互惠」傾向），在協助人類互助合作上，扮演了非常重要的角色。正因為我們祖先的合作手腕，才使他們能夠處理困難的收割作業，防禦敵人，或是為了搶奪鄰近群體的地盤和資源，而發動戰爭及殺戮。

在這方面，我們的利他天性對個體來說，有個弔詭的群體根源。我們不能就個體的層次來看，說這種天性是一種幫助別人的行為；我們必須從有助於社會凝聚力的方向來看，視它為紛亂的群體競爭史中所產生出來的天性。這就意謂了，**個體的人性之中烙印著群體的歷史痕跡**。

然而，除了強烈互惠、甚至更基本的「你幫我，我也幫你」邏輯之外，還有別的東西可以解釋合作與群體結盟。關於任何一個團體，最明顯的一件事就是怎麼來界定它；團體裡的成員共同享有某些東西，不論是種族、膚色、衣著樣式、年齡、居住的地區、講話的腔調，或甚至共同的敵人。團體裡的成員才有這些特質，團體外的人卻沒有。有點不幸的是，這些標記帶有心理的力量，使得很多人帶有基本的歧視心態，以膚色、宗教或衣著來評斷別人。

我們很少問，為什麼有這麼多人如此善於或易於產生歧視，或為什麼有這麼多人能夠想也不想地，就厭惡那些從沒有碰過面並且一無所悉的人。正如我們將會看到的，這些問題的答案絕不是那麼明顯，光憑著觀察眾人或是鑽研種族偏見及民族主義演進史，可能也找不出答案。但是，「社會物理學」對此有些研究成果。

在強烈民族主義、種族仇恨、文化仇恨的根源裡，潛藏著一個人類社會的弔詭：那些把我們分開的力量，正是幫助我們凝聚在一起的力量。以後我們將會看到，**就連盲目的偏見也能促進合作**，這說起來還真是令人難以置信。

老鷹vs.響尾蛇

一九五四年夏天，奧克拉荷馬大學的社會心理學家謝里夫（Muzafer Sherif）和同事們挑選了二十二個十二歲左右的小男孩，把他們帶到位於奧克拉荷馬州羅柏斯洞穴州立公園，一個占地兩百英畝的童子軍營地去。

研究人員將小男孩分成兩組，每組十一人，兩組男孩子的體力、智力與社交技巧都在伯仲之間。這個實驗的設計是想探討兩件事。第一，如果只把人編進一個團體，給他們一個共同的目標，會不會自動浮現出階級制度，使成員有明顯的不同角色？第二，如果團體之間出現競爭，會不會激發出強烈的群體認同及忠誠度，儘管團體只是任意組成的？

起初，科學家把兩個團體完全分開。經過幾天的「團隊組織」練習，有些男孩子變成領導者，其他則成為跟班，而且每個團體都創造出自己的名字，從此之後，兩個團體分別成為「老鷹」和「響尾蛇」了。

又過了幾天，兩個團體開始誇耀自己的英勇，嘲笑對方差勁——到這個階段，兩個團體的成員彼此其實還完全不認識，也沒有碰過面。就在研究人員宣布即將有一場比賽時，雙方之間開始產生敵意。響尾蛇隊占據了一個棒球場，把自己的旗幟升起來，並且揚言若有任何不長眼睛的老鷹隊員跑到棒球場來練習，一定要給他們好看。等到真正面對面之後，兩邊的成員互相叫囂，唱歌嘲笑對方，好像碰見了世仇似的。隨後幾天，互相之間的恨意更甚，雙方都想燒掉對方的旗幟。

謝里夫和他的同事所做的研究，有物理實驗的美妙單純特性[3]。把一些原子放在這裡組成一個團體，再把另一些原子放在那裡構成另一個團體，接著讓兩個團體交互作用（互動），看看會發生什麼事。當這些原子是人（至少是十二歲的美國小男孩）時，你會得到兩件事：一件是原子對自己所屬團體的強烈向心力，另一件是對外人的憎惡。當然，這種「團體內」的偏見，影響的層面絕對不只有十二歲的男孩而已。

地球上還存在著極少數的原始部落，居住在非常封閉的地理環境裡，過著和我們十萬年前的祖先類似的耕作生活，對外來的入侵者充滿敵意。

二〇〇五年一月二十七日，有兩名印度漁民顯然喝了過多的棕櫚酒，漂流到孟加拉灣東部安達曼群島中的北森蒂納爾島（North Sentinel Island）海灘。他們兩人立刻被住在該島上，腰纏布條的森蒂納爾戰士砍死。當印度海岸防衛隊的直升機想要把兩人的遺體載運回來時，年輕的戰士還對直升機投射長矛與毒箭，最後，搬運屍體的任務也沒有成功。這種對外來人士的盲目敵意，顯然是對現代社會的「適應不良」，但對以往的森蒂納爾人來說，並沒有什麼不對，對我們的祖先也是一樣的。

這種盲目而致命的憎恨，離我們其實並沒有那麼遠。在洛杉磯中南區有兩個敵對的幫派，血幫（Bloods）和瘸幫（Crips），已經彼此纏鬥了三十年。傳統上血幫喜歡穿紅色，瘸幫穿藍色。兩個幫派都有深遠、複雜的發展歷程，造成雙方衝突的部分起因是販毒和其他不法勾當的自然競爭。不過，衝突的程度顯然會因為幫派份子的本能而加劇。兩個幫派裡的孩子可能就很相似，在相同的環境成長，也面對同樣的問題；如果不是因為父母親分屬敵對的幫派，許多孩子很可能會自然地變成朋友。

事實上我曾看過一篇訪問報導（記不得在哪裡看到了），其中一個幫派的青少年相當稱讚對方的勇氣和難打倒。有人說：「我們還滿佩服那些傢伙的，他們很難纏。」當然，他還是有絕對的意圖想消滅那些傢伙，因為他們所屬的團體，因為他們的顏色。

由於這種團體偏見的原始力量，現代社會有法律、組織和社會規範，把它最令人討厭的部分限制住。但這股偏見其實還是存在的，證據到處都有，比較明顯的是公開的種族歧視和民族主義，其他則沒有那麼明顯。**當一個團體碰到危機時，有個典型的社會現象就是群體忠誠度會升高，而且會協助鞏固領導者**。

就在二〇〇一年九月十日、九一一事件前一天，小布希總統得到的民調數字，是所有近代總統在第一個任期內得到的數字中最低的，只有福特總統不顧反對聲浪，特赦尼克森之後那幾天的民意支持度差可相比。

然而發生了九一一恐怖攻擊之後，小布希的聲望立即直線上升，大約有百分之九十的人都認為他幹得不錯。小布希的支持者可能會認為，這是民眾認同小布希強硬領導風格的證據，但其實這種聲望上揚的模式在歷史上屢見不鮮——國家的危機永遠會讓美國總統的支持度立刻攀升。在碰到危機的時候，民眾必然會認為自己的領袖非常堅強，不管是不是喜歡他的施政，並且會覺得自己和群體更加休戚與共，而且很自然地不信任外來者和其他群體的成員。

二〇〇六年五月二日，蒙大拿州的立法機關終於為七十九位德裔美國公民正式平反，他們在第一次世界大戰期間，因違反了一條州法而判罪，這條州法認定，說德語、閱讀或攜帶德文書籍、或對美國政府或國旗公然「不敬、褻瀆、破壞、侮辱、咒罵」，都是違法行為。遭判刑在州立監獄關七到二十年的人當中，有一位只是不滿戰時的食物管制措施，說了一句「真是個大笑話」而已[4]。

貫穿上面這些例子，以及幾乎所有對團體的盲目忠心與附和的個案的，其實是行為上的冥頑不靈。人們在這種情況下，不加思索也不做任何調查，就做出決策與行動，好像已經有人預先安排了什麼基本的通路，只要跟著走就對了。在這些例子裡，人變得很原始，只有我們或他們，老鷹隊或響尾蛇隊。當然，這種群體認同的本能，並沒有像種族仇恨或幫派火拚，對實際生活產生那麼戲劇化的影響。

在二〇〇四年美國總統大選，小布希和凱瑞（John Kerry）對決期間，艾默里大學的心理學家威斯頓（Drew Westen）領導了一批研究人員，去研究民主、共和兩黨的死忠支持者。他們拿候選人明顯自相矛盾的政見，去問這些支持者，並在這些人設法為這些矛盾自圓其說時，監控他們的大腦活動情形。

研究人員發現，通常負責推論的大腦區域，活動情形並沒有增加，反而是負責情緒和解決衝突的更原始的腦神經線路，活動增加。威斯頓的結論是，「那些和意識與推理有關的大腦區域，都沒有特別活躍……基本上，這些死忠的支持者彷彿在轉動認知萬花筒，直到得出自己想要的答案為止。」

我們很多人好像以一種情緒的方式來過濾事實，以便保護並支持與自己切身相關的團體。這項本能從何而來？原始的行為可能會產生一些原始的本能，這一點我們不應該感到奇怪。事實上，情況似乎就是如此——雖然我們還要在電腦上花些功夫，看看為什麼。

顏色遊戲

種族歧視和民族主義的詳細前因後果，討論起來隨隨便便就可以寫成一本書；當然，市面上已有很多這種書了。但是，要了解一種滲透人類生活的行為的根源，我們首先應該站遠一點，撇開所有細節，問問看有沒有什麼更簡單、更基本的運作過程。要做到這一點，我們不妨先把真實世界忘掉，看看在一個人工的、高度簡化的世界裡，會發生什麼事，就像謝林用硬幣來代替人那樣。

想像有一個世界，裡面有許多人，這些人經常碰面，彼此交換食物或進行交易等等。我們假設在這樣的世界裡，每次兩個人碰面，情形就類似「農夫問題」那樣，每人都可以由別人的協助而獲益，但也都有欺騙的誘因。如果大家學會合作，就能共蒙其利。

但這種事說起來容易，卻很難做到；伸出援手尋求合作，也意謂打開受騙之門。為了讓這些人覺得這是個難題，同時使我們的模型世界非常原始，我們假設這個世界人口非常多，所以兩個人只會碰一次面，因此，記住誰曾經做過什麼事是沒什麼意義的。

顯然，這個模型並不像我們的世界。在真實的世界裡，人與人之間最重要而根本的差別，在於每個人的人格特質與智慧，在於他們的才能和經驗。利用這些重要的特徵為基礎，我們學著去認識一個人，並判斷這個人是不是值得信任。

但在這個臆想實驗的模型裡，所有這些特徵都不存在，而且這個貧乏的環境裡顯然沒有任何可使用的資訊，你實在做不了太多事。你可能設法欺騙所能碰到的每一個人，或者和每個人合作，或者全憑幻想，隨機式地採取合作或欺騙的態度。

在這裡，沒有辦法為任何特定的人做思考策略，因為你碰到的每個人，都是完全陌生的。我們這個臆想實驗似乎只要證明，如果人全都是完全一樣的酒囊飯袋，沒有任何記憶或可識別的特質，那麼我們就只是漂浮在混沌的社會裡，無法建立出任何持久的信任關係。

不過，如果我們做一點小小的改變，這個實驗就會變得有意思得多。

假設現在所有的人並不是完全一樣的，而是分成幾種顏色，就說是紅、藍、黃、綠吧。這些顏色的不同，完全是隨機而沒有任何意義的；你可以想像一個人在出生的時候，被隨意漆上一種顏色。紅色的人不會比藍色的人更不容易合作，綠色的人也不會比較喜歡騙人，諸如此類。

不過，**顏色雖然沒有重要的意義，卻不妨礙有人會硬是賦予它某種差異**。例如，有個黃色的人在和十五個不同的人互動之後，可能會覺得其他的黃色人似乎比較容易合作，而藍色、紅色和綠色的人大部分是騙子；這些可能都是偶發狀況，但這個黃色的人可能會決定，以後碰到黃色的人就合作，但不和其他顏色的人合作。當然，別人可能有不同的經驗；某個藍色的人可能接連三次都被同樣是藍色的人騙，而和紅色與綠色的人都有良好的合作經驗，因此決定以後只和其他顏色的人合作，但不與藍色的人合作。

這些人可能都誤認了顏色的重要性，因為顏色其實完全不重要。但這沒什麼關係，我們已經多次看到，重要的模式是如何無緣無故浮現出來的，而在這個例子裡也是這種情形，這正是政治學家愛梭羅德和哈蒙（Ross Hammond）在幾年前發現的現象。

他們推論，在「顏色意識」形成的過程中，這個世界的人可能從一組簡單的策略當中，選用一種思路。他們可能覺得自己應該：(1) 和每個人合作，(2) 不和任何人合作，(3) 只和與自己顏色相同的人合作，(4) 只和與自己顏色不同的人合作[5]。接著，愛梭羅德和哈蒙問了一個很基本的問題：長期下來，哪個策略會比其他策略更占優勢，讓他們能以更有益的方式與別人互動？

為了找出答案，愛梭羅德和哈蒙設計了一個簡單的電腦模型，來模擬這個人工世界。他們讓人散布開來，然後隨機讓人兩兩互動，並且還加上一個很自然的限制，讓那些住得比較近的人，互動的機會比相隔很遠的人多些。此外，模型裡的人生生死死，偶然還會從一個地方搬到另一個地方。

開始的時候，他們讓四種顏色的人一樣多，而採用四種策略的人數也一樣多，這些分配都是隨機的。他們還在模型裡加了另一個特性：這個世界裡的人和真實世界裡的人一樣，會學習別人的成功經驗[6]。因此，如果有些黃色的人看到採用 (1) 號策略的人，比採用其他策略的人更成功，他們也會開始採取(1)號策略；這是很自然的。最後，愛梭羅德和哈蒙就讓電腦開始進行模擬。

他們進行了一系列的實驗，讓這個人工世界演進一段相當長的時間，直到其中每一個人至少和別人發生一千次的互動，然後他們停止模擬，看看有什麼結果。每次得到的結果都一樣——採納(3)號策略的人，也就是只和與自己同顏色的人合作的那些人，總是最成功的。他們發現，所有的代理人當中，約有四分之三的人最後都採用了這個帶有偏見的策略。為什麼？答案既簡單，也可能大有學問。

愛梭羅德和哈蒙發現，從隨機決定的互動迷霧中，居然浮現了依顏色不同而自然隔離的現象——你被同屬紅色的人包圍，其他人為藍色或黃色。**這是偏見策略成就的結果，是它造成了這樣的隔離**。

在某個時刻，很偶然的，正好形成了一小群有相同顏色、又持相同偏見的人，這些人確實會互動得相當愉快，永遠相互合作。而居住在同一地區、但顏色不同或抱持沒有偏見的策略的人，表現就沒有這麼好了，因為他們從這些帶有顏色偏見的鄰居身上，幾乎得不到什麼幫助，而且還常浪費力氣在得不到回報的其他人身上。最後，當每個人環視周遭，會發現偏見策略頗有成效，而沒有偏見的策略反而沒什麼用。經由學習過程，會有更多人採行帶有偏見的策略。

但是真正令人驚奇的是，在這樣的世界裡，整體的合作程度也隨著時間慢慢提升，就算人變得更有偏見也一樣。當同質性的範圍擴大，會讓大部分的人（不包括住在兩個不同區域邊界上的人）安居在自己的社群中；他們在幾乎所有的互動過程中，都會遇到合作的態度。由於隔離成這樣的小圈子，不同顏色的人幾乎無計可施。在這個原始世界裡，偏見是有效的，因此就擴散開來。[7]

當然，這個原始世界裡的「顏色」不必真的是顏色；它也可以是任何可辨識的記號或標籤，讓人與人有所區別，能把人分成不同的團體就行了。因此，它可以是頭髮的長度、政治關係、說話的口音，或者衣著風格。邏輯顯示，不管它是什麼，根據不具意義的記號發展出來的識別方式，最後可能變成促進合作的有力機制。

而真正奇怪的是，**這些在開始的時候沒有什麼意義的記號，最後會承載真實的意義**。如果你是個心胸開放的紅色人，也知道其實所有的人完全一樣，顏色只是在出生的時候任意漆上去的，你最好還是注意一下顏色比較保險，畢竟到後來，大部分的藍、綠或黃色的人都不會和你合作，只有紅色的人會。在一個心胸狹窄的世界裡，只有心胸狹窄的人才能存活。

我舉出愛梭羅德和哈蒙的研究，不表示它是「我族中心主義」（ethnocentrism）的可能形成原因的唯一解釋。加州大學洛杉磯分校的人類學家，理察森與博伊德，曾提出另一個頗具說服力的觀點，在他們的觀點中，社會規範扮演的角色，就與愛梭羅德和哈蒙的顏色是類似的。正如理察森與博伊德主張的，共享社會規範的人通常覺得容易產生互動，因為他們對於適當的行為有共同的預期，單單這一點，就容易彼此協調，實現合作的好處。他們還認為，族群的存在，最終都與這種協調的優勢有關。8

如果沒有電腦的協助，恐怕沒有人能夠看出這個奇特的分類過程。從柏拉圖到馬克思再到涂爾幹，這些偉大的社會理論學家或哲學家，都沒有注意到這套邏輯，因為其中微妙的因果關連，實在超出人類心智能力所及。當然，這個假想的世界並不是真實的世界，這一點很重要。因此，要理解這個模型暗示了什麼意義，我們必須再進一步思考。

族群偏見的陷阱

愛梭羅德和哈蒙的顏色遊戲，指出兩件相當值得一提的事情。

首先，當人們在原始的環境中互動，和鄰居之間可採行的互動策略非常有限，這時候偏見是有優勢的。這種偏見（說得更正確些是「我族中心主義」）可能是醜陋的，但在人與人互動的最基礎層次上，是有效的。

第二，這種我族中心主義的態度以及擴散，居然促成了一個更合作的世界；這是因為這種我族中心主義的行為會同時產生一股隔離的作用，把人依照特定的顏色分成不同的團體，而使得這個原始世界裡的大部分互動，都局限在自己所屬的團體裡。如果我們把遊戲裡的顏色換成「宗教」、「民族」或「語言」，你就很容易看出，我們的世界裡也有類似的現象。

不過這都太抽象了。若要好好解釋這個發現，我們得更仔細想想，它對於真實的世界，透露了什麼意義。

看看你周圍的社會。除非特別倒楣，否則你不會正好住在充滿暴力的蘇丹達佛地區

（Darfur），當地的阿拉伯人組成的自衛隊會有計畫地把這個地區的非阿拉伯人清除掉；你也不會住在經歷過種族滅絕的前南斯拉夫，或地球上有過類似恐怖經驗的種族狂熱區域。如果你和大多數人一樣，就不太可能碰上類似於愛梭羅德與哈蒙所模擬的純粹種族世界。

在絕大部分的社會裡，不同宗教、文化和語言的人們，共同生活在社區裡，一起做生意，當鄰居，交朋友，一起玩樂。在一些大城市，像紐約、倫敦、孟買或墨西哥市，不同文化的人居住得非常接近，每天互相合作。就連在前南斯拉夫，克羅埃西亞人、塞爾維亞人和穆斯林也都能和平共處多年，實現了南斯拉夫共黨頭子狄托（Tito）元帥的夢想。

大部分的社會並不像愛梭羅德與哈蒙所模擬的世界，人們是以個體的身分互動，而不是某個種族、文化或其他有記號團體的代理人的身分。人們一再發生互動，是基於生活與工作的需要，他們有記憶、有朋友，會形成了解與信任的緊密關係，這些關係就消除了上面那些記號的潛在力量。

健康的社會互動依靠的其他機制，包括不同類型之間的反覆互動，強而有力的制度，和有效的社會規範，會使得我族中心主義靠邊站。不過，在顏色遊戲裡也指出，如果基於某種原因，人們被迫只能根據未成熟而表面的記號來做決定的話，人們只好依據盲目的偏見來採取行動，因為這樣子的行動對他們最有利。

顏色遊戲讓我們看到，假如人的獨特性全被剝除了，同時又受到恐懼、強迫、洗腦等手段的威脅，不能以個人的身分和人正常互動，那麼模型裡的情況就可能出現真實世界中。就如顏色遊戲所顯示的，**如果大部分的正常互動方式和互信機制都被剝除，社會就很容易掉入我族中心主義的陷阱裡去**。這並不是產生自病態的人格特質；事實上，它完全不是人類行為以外的任何原因造成的。民族分歧是一種普遍的自然趨勢，就像種族隔離那樣，除非有更強大的力量把它控制住。

這個卡通式的人工世界還暗示，如果社會上出現種族仇恨與暴力，代表這個社會的結構已經崩潰，進入了一個更原始、更未開化的狀態。但是要了解這個過程，不能從其中的特定人物身上著手，也不是他們文化上的問題，這兩者都不是天生就如此野蠻。沒錯，它又是模式的問題，而不是人的問題。如果石油、瓦斯或電力的供應系統突然瓦解，我們只好升火取暖；同樣的道理，如果那些支撐人們和平相處的高等社會機制突然崩潰，人們只好憑藉比較原始、未開化的特徵。

社會學者往往把強烈種族仇恨的原因，歸咎到正常社會機制的崩解；這些社會機制原本讓人們超越種族標記，經由商業、社群往來等活動，形成並維持社會連繫。當經濟體系崩潰，或處在內戰或革命的混亂情勢當中，通常那些可依賴的社會互動不復存在，人們只好重建出一套更原始的機制，找出可以信任的人，這時候，平時用來判斷別人性格或名聲的複雜程序全派不上用場，只好憑一些未成熟的印象或感覺了；那些其他種族的外來者，忽然間看起來都像是危險人物了。

在前南斯拉夫，問題起於內戰，斯洛維尼亞和克羅埃西亞先後宣布獨立，後來又蔓延到波士尼亞。當時，南斯拉夫的經濟情況已經惡化，這是因為先前五十年來，南斯拉夫的經濟十分仰賴蘇聯，是蘇聯的衛星國家，並沒有自己發展出健全的經濟體系，早在蘇聯於一九八七年突然解體，正常社會結構的崩解就使得更原始的力量有機會介入了。而在這個特別的案例裡，製造民族分歧的原料（也就是那些種族標記）已經就位，只不過歷史上這些種族間的不信任，在蘇聯統治期間被有效地壓制住。

但是，種族間的不信任與嫌惡，未必會發展成劇烈的衝突與暴力，社會的貧窮也不足以引發種族淨化事件。所有種族滅絕事件的第二個共同原因，是某個政治領袖或政黨決定性的行動，利用這股種族仇恨為動力，特意挑起衝突，達到策略目標，這個過程已經不是愛梭羅德和哈蒙的顏色遊戲所能描述的了。

美國歷史學家亞當斯（Henry Brooks Adams）曾經說，實際的政治手法「總是在有系統地組織仇恨，不管它自稱是什麼」。這裡有點扯遠了，但它碰觸到一個重點，那就是：**在人類歷史上，有些人確實能掌握到一股非常可怕的力量，這並不是因為他們個人多麼有力量、才幹或智慧，而是因為他們成功地操縱了社會形勢**。

狂人與社會力量

長久以來，歷史學家和歷史哲學家就時常爭論，到底是英雄造時勢，還是時勢造英雄？把國家推向殘酷戰爭的，是毫不在乎老百姓，只追求權力的領導人，或者是另有更深層、更強大、超越個人的社會力量？歷史學家曾經把歷史看成是「英雄的傳記」，不過到最近，他們漸漸認為，推動因素是經濟力量、人口結構和更廣泛的文化影響，而不是個人。那麼究竟哪一方是對的呢？顯然各有道理。

正值多種族的南斯拉夫分裂的時候，米洛塞維奇火上加油，把所有非塞爾維亞人妖魔化，同時把塞爾維亞人塑造成受難、受壓迫的民族；他利用電視與廣播，把克羅埃西亞人說成是從二次大戰復活的法西斯，波士尼亞穆斯林是嗜血的鄂圖曼土耳其後代，而科索沃的阿爾巴尼亞人則是企圖殺光塞爾維亞人的兇手。誠如捷克政治學者赫洛區（Miroslav Hroch）所言，米洛塞維奇緊抓住民族主義，用它來替代「分裂社會中的團結因子」。

在盧安達、亞美尼亞和納粹德國，政治領袖對於鼓動情勢的騷亂，也很明顯扮演了重要的角色。在盧安達大屠殺發生之前，由少數政府官員控制的電台和報紙，已經開始宣傳圖西人是「次等人類」。政府出資組織起來的胡圖族激進份子握有武器，並把人民訓練成殺手。有關種族滅絕的計畫，甚至開始在內閣會議上公開討論。

有位部長級的女性閣員表示，她「個人支持消滅所有的圖西人……如果沒有圖西人，盧安達的所有問題都將迎刃而解」。於是，在一九九四年四月六日，盧安達總統哈比亞里馬納和胡圖族的蒲隆地總統恩塔亞米拉（Cyprien Ntaryamira）共乘的座機，在盧安達首都吉佳利上空遭擊落，兩人皆亡，一百萬圖西人的命運就決定了。[9]

如果沒有某個人或少數人斷然而一致的政治行動，種族仇恨並不會變成血腥的種族滅絕。這似乎表示，至少就盧安達的例子而言，個體是可以決定歷史走向的。同樣的，米洛塞維奇從來沒有親手殺過人；他可能有罪，但是要把成千上萬的人被成千上萬的人殺害的責任，歸咎在任何一個人身上，似乎也有點困難。德國之所以變成納粹德國，並不只是因為希特勒一人，還要加上當時德國人的情緒與性格，已經準備好接受希特勒的領導。**歷史是由個體和群體共同打造的，要看出它的形成歷程，我們一樣要去探討模式——也就是「社會物理學」**。

當然，社會純粹是由個體構成的，而做決定及採取行動的也是個體。但若談歷史只論個體，就好像談海洋只說水分子，完全不提波浪一樣。襲捲南亞的大海嘯，也只是一些水分子，但它集體組織起來，卻攜帶了巨大的破壞力。波浪是一種模式，組織並引導了許多水分子的活動，於是也獲得了慣性與動量；波浪的形成又回過頭來，影響了組成波浪的水分子。

同樣的，就算社會只是由個體構成的，但是數千人或數百萬人形成的社會力量或模式，也會回過頭來約束這些個體的選擇，而且通常還進一步強化了原先的模式。在我族中心主義的例子裡，**群體模式一旦形成，就有它的能量**，就連最理性、最能容忍的人，在鄰居的一再攻擊下，也會變得不可信任，也可能採取暴力行為。

正是這種群體模式的能量，使得像米洛塞維奇這樣的個體，有機會操縱巨大的力量；**只要他確實了解這種模式的邏輯，就能把它往自己想要的方向引導**。他可以擁有這麼大的力量去作惡，是因為他了解到（不管是出於直覺或是聰明才智），自己的國家裡有一股群體力量正在運作。

任何曾經攪起巨大社會波濤的人，從偉大的政治家到窮凶惡極的獨裁者，都是以自己的行動來賦予它形式，而他們掀起的運動所帶有的能量，遠遠超過他們個人擁有的能量。由這也可以看出，他們並不只有靠自己的意志來推動事情，還必定遵照及找出社會物理學法則所勾勒出的各種可能性。

如果你願意接受的話，社會物理學告訴我們，種族仇恨是人類群體行為的原始「型態」，就類似吉他弦的自然振動或單擺的擺動。如果不是這樣的話，激化種族仇恨就不會是一種有效的政治策略，會變成對人的本性與傾向的逆向操作。政客經常玩弄種族間的恐懼，因為他們知道這種恐懼比其他的情緒更基本、更直接——而且在適當的情境下，有權力慾望的投機份子，可藉此控制數百萬人的行動。

簡單的故事

種族間的戰爭是一件非常複雜的事情，它和數百萬人的意志與行動有關，會奪走無數人的生命，是人類極為特殊的經驗，所以若說愛梭羅德和哈蒙的簡單顏色遊戲，可以提供和種族戰爭有關的許多事，似乎令人難以置信。

人很複雜，社會也很複雜，文化就更加複雜了，而且還貫穿整個歷史，因此，一個幾乎微不足道的數學模型，似乎不大可能提出什麼了不起的解釋。如果你也有這樣的懷疑，那麼你也和許多人、和整個社會科學傳統想法一致。但是這種反對意見，是建立在對科學的一個迷思上，是誤解了科學用簡化模型探討複雜事件核心的重要性與可能性。這聽起來好像是科學上的一種奇蹟。也許是吧，但如果沒有這種奇蹟，就不會有科學。

我們通常說物理學是一門「精確的」科學。但如果物理學家是在處理方程式，設法找出這些方程式的精確答案，那麼不管在觀念上、哲理上或是實踐上，物理學的力量完全看它做近似的技巧如何，也就是看是否學會忽略掉不甚重要的細節，而只專注於有關的事項。我想，如果我們這些物理學家夠誠實的話，我們並不真的知道（除了少數的例外）為什麼我們居然能夠依靠如此簡化的圖像，學到這麼豐碩的成果。宇宙似乎向我們洩露了一點東西；世界的組成方式，似乎比它該有的方式來得簡單。

想一想我們貼在冰箱上的小磁鐵。磁鐵似乎有某種神力，貼住冰箱，或是吸住鐵釘。但是若你把磁鐵放進火爐裡，加熱到攝氏四百十一度以上，你會發現它的磁性突然喪失，不再能夠吸住鐵釘。從火爐中取出磁鐵，它的磁性又恢復了。特別值得一提的是，科學家大約在一百年前，才了解這種變化背後的故事，而直到幾十年前，才真正弄清楚詳細的理論。

記得在第五章裡，我們把鐵原子看成微小的磁鐵，就好像一個小箭頭。在室溫下，這些小箭頭會彼此推擠，並且有排列整齊的傾向，而透過它們的團隊合作，就可以吸住鐵釘[10]。那麼在火爐中又是怎麼回事呢？在高溫下，鐵原子之間的衝撞使得這些箭頭互相彈開或顫動，很難再排列整齊。到了四百十一度，由於箭頭已經不能再整齊排列了，磁鐵就喪失掉磁力——原來的組織被破壞掉了。

描述這個組織崩解過程的數學細節，是近代物理一個非常美麗的區域。近代理論依據這個「小箭頭」的圖像，對於磁性的改變，做出令人印象深刻的精確預測。但是最驚人之處，也是我提起這件事的原因，在於**這個解釋的精確性和物理圖像是否精確無關**，而實際上，這個物理圖像甚至還與真實情況頗有出入。

一個鐵原子是很複雜的，它的原子核裡有二十六個質子和三十個中子，原子核外圍還有二十六個電子像雲霧般圍繞著；每個質子和中子，又是由快速飛來飛去的夸克組成的，它們的速率接近光速，而電子與電子之間，則以至今無人理解的方式發生交互作用。一個理論若要忠實呈現真實情況，應該把量子理論架構內的所有這些東西都包括進去才對；這麼一來，連寫出方程式都很困難，更別提要解出方程式了。

但是沒關係，物理學家已經學會不去管量子理論，把什麼質子、中子、電子、夸克都擺一旁，只把鐵原子當成小小的箭頭。對於磁鐵的運作，這是個令人難以置信的精確圖像。這件事的關鍵在於，「小箭頭」的模型確實掌握到了重要的事實；它注意到，每個鐵原子都伴隨了一個方向，而且每個原子會施加一個力到其他原子身上，使它們排整齊。從磁鐵到非磁鐵的變化，只是原子組織方式的改變，而這項改變的發生和很多細節毫不相干。重點在於，**並非任何過度簡化的模型都能奏效，但如果這個模型在少數的關鍵細節上弄對的話，就可以用很久**。

所有的好科學，都需要靠這一類的「奇蹟」——重要的模式很少是受幾千個因素影響的，而是通常只有少數幾個關鍵的因素。基於這個原因，科學不需要那種包含所有細節的、宏偉的精確模型。我們需要的其實是反其道而行，盡可能使我們的理論簡單，把可以忽略的細節都省略掉。一些像玩具似的模型所提出的平凡邏輯，也有可能正中紅心，直指真實世界裡發生的現象，即使這些現象與人有關。

8. 為什麼有錢人越來越有錢？

一般人可以分成兩類：認為科學是無所不能的人，以及害怕科學將會無所不能的人。

——雷伊（Dixy Lee Ray），美國牧師

一九四二年八月十九日上午，超過六千名的盟軍士兵（大部分是加拿大人），突襲法國港口城市第厄普（Dieppe）。在德軍於歐洲及北非戰場的一連串勝利之後，這是盟軍第一次企圖扭轉戰局的突擊行動；但結果是一場大災難。

盟軍主力登陸第厄普的海灘後，德軍展現出超強烈的砲火彈幕及機槍火力，使灘頭部隊動彈不得。中午過後不久，已經有九百零七名加拿大軍人陣亡，一千九百四十六人被德軍俘擄。突擊行動失敗之後，四千九百六十三名加拿大軍人中，只有二千二百一十人回到英國。

第厄普突擊的失敗，純粹是軍事上的原因。德軍早就有準備了，讓盟軍原先以為防禦力薄弱的海港城市，變得固若金湯。二次大戰期間，盟軍沒有再攻打第厄普。然而，那次行動結束之後沒幾天，英國卻傳出一些光怪陸離的解釋；有謠言說，在突擊行動前幾天，某個家用肥皂產品的收音機廣告裡，一再提到第厄普海灘。

就像一般謠言的作用，這個謠言暗示了，可能有間諜把突擊行動的時間和地點告訴了德軍，使他們採取了高規格的防禦行動。雖然是虛構的，但這種陰謀論的謠傳卻讓我們在心理上得以自我安慰，取代了赤裸裸的事實真相——盟軍的慘敗，其實正反映了戰場上的經驗不足，以及兵力和戰術都不如敵人。[1]

陰謀論的解釋一直存在，是因為它提供了一種比較安全、心理上比較能接受的說法。**在製造陰謀論的解釋上，人類的想像力是無限的。**

有個目前仍在流傳的說法，認為引起愛滋病的HIV病毒，並不是自然演化出來的，而是美國國防部製造及釋放的，目標對準同性戀者、吸毒者和非洲人。根據CNN對九個伊斯蘭國家在二〇〇二年二月所做的民意調查，顯示有百分之六十一的人，不相信九一一恐怖攻擊是阿拉伯人在幕後策畫的，反而認為它是以色列情報部門或美國政府自己嫁禍於人。

有位名叫古柏（William Cooper）的美國「飛碟研究人員」多年來一直堅信，一九六三年的甘乃迪總統遇刺事件，是美國安全部門的情報人員幹的，因為甘乃迪威脅要公開一項機密，那就是美國已經和至少三個外星人種，簽訂了祕密協定。[2]

但是，陰謀論的想法並不總是像這些例子那樣，帶有古怪和令人難以置信的成分，它有時會以比較平凡的方式，進入日常的政治論述中。

舉例來說，在美國，貧富分配並不平均，大約有百分之八十的財富，集中在百分之二十的少數家庭裡[3]。為什麼會有這種貧富不均的現象呢？當然，左派和右派人士都各有解釋。左派人士認為，貧富不均的程度正好反映出自由市場資本主義的瑕疵，它讓有錢的少數人有權力控制多數人；但對右派人士來說，情況正好相反，有錢人是憑著自己的技能努力工作，才贏得自己的地位，他們的每一分錢都是自己賺來的。

當然，連結起兩種論點的唯一一件事就是，信念戰勝一切證據——很不幸的，這也是大部分政治論述的典型象徵。正如其他更為明顯的陰謀理論，總是先有結論，再去尋找正當化的理由。

社會科學若要真的有用，就必須超越這類的故事；意思就是說，必須做一些科學上會做，但陰謀論的思維不會做的事——把自己的想法拿來和現實做比較，進行一番檢驗。

正如科學哲學家巴柏（Karl Popper）所說的，**科學理論若要有價值，它必須是「可被否證」、可被否定的**；它要有可被檢驗的特定主張，而且原則上有可能是錯的。以物理學的理論為例，它對真實世界裡可找到的模式提出預測，所以它等於是伸出了脖子，隨時準備挨一刀；如果弄錯了，這個理論馬上腦袋落地，如果它對了，那麼這個想法似乎方向正確，可以接受更進一步的檢驗。

在本書前面的章節我曾提到，社會物理學的想法已經體認到模式、回饋和自我組織在人類社會的重要性，因而漸漸能夠掌握人類社會現象。我們在第四章及第五章，看到了兩種數學模式，一個是金融市場波動的模式，另一個是潮流與公眾意見的改變模式。

而在前兩章，我稍微偏離了數學模式，透過定性的觀點，探討簡單的模型怎麼有辦法解釋人類的慣常行為。不過在本章裡，我打算回到人類社會的數學法則；首先我們就來看看貧富不均之謎——你將發現，經由正確的視角，這個問題的解釋原來這麼簡單。

帕雷托的財富法則

當人類學家說到「人類世界」時，他們指的是橫跨不同的文化和各大洲，一再出現的個人行為習慣與社會活動。所有不同文化的人，都使用工具，遵行生活的常軌，使用有文法的語言，能掌握神話和傳說裡關鍵的人類經驗元素。所有的人都會使用手勢與面部表情，偶爾需要求助於心理防衛機制，藉此處理恐懼與悲傷。在社會的層次上，所有的人類團體都發展出一套分工合作的方法，毫無例外。

其餘的世界的運作機制同樣深奧，雖然不這麼明顯。你可能會預期，一個國家國民的財富分配情況，可能和這個國家與該國國民的許多瑣碎細節有關；你或許覺得，一定和遺產繼承制度與稅制，以及這個國家最主要的經濟活動（例如農業或重工業等等），大有關係；這個國家的文化或許也有影響，因為有些人對於均富這件事，比其他人更有影響力。

但是實際的數字指出，上面這些想法事實上全都不著邊際。全世界各地，所有國家的財富分配情況，都有相同的特性。正如義大利經濟學家帕雷托（Vilfredo Pareto, 1848-1923）在一個世紀前就已經注意到的，在所有的國家，大部分的財富都掌握在少數人的手裡。

在美國，二〇%的富人握有全國八五%的財富，而在智利、玻利維亞、日本、南非或其他西歐國家，數字也類似；可能是一〇%的人占有九〇%的財富，五%的人擁有八五%的財富，或是三%的人占了九六%的財富，不管是什麼比例，財富好像都流向少數人的手裡。至於共產國家的情形，雖然缺乏類似的數據，但從一九七〇年代中期根據俄國移民的訪談所做的研究，可以知道前蘇聯財富分配不均的程度，應該和當時的英國相當。[4]

然而，除了各國之間這種定性的相似度之外，帕雷托還發現了一些更深層的東西。利用數學，他發現**所有國家的財富分配情形，都遵守一種基本的數學形式**。

說得更確切些，如果你去看那些比較富裕的人口，你會發現，擁有財富W的人數，和W^{α}成反比，右上角的α是個數字，差不多等於二・五；換句話說，財富數量增加時，擁有較多財富的人數會減少，而減少的比例為財富的二次方到三次方。（有趣的是，這和我們在

第四章碰到的，描述金融市場波動的數學模式——所謂的「冪次法則」，是一樣的。）在這裡，它的意思就是說，當財富增加為兩倍的時候，擁有這麼多財富的人數會減少成原來的六分之一。

這個人類世界，已經超越「不同的人，他們使用的工具，他們的語言能力，他們掌握和別人之間合作關係的策略技巧……」等等單純的定性相似度所描述的範圍了。自從帕雷托之後，有無數的研究，證實了這項財富分配規律是超越地域和文化的。為什麼這樣的規律能跨越國界？它只是反映了人類才能的自然分配結果？難道是，全世界的有錢人之間有什麼共同陰謀？

由於受到財富分配問題的強烈情緒刺激，過去很多經濟學家一窩蜂地鑽研這類問題。就像經濟學家高伯瑞在他的經濟史著作中提到的：「對於貧富不均的解釋及合理化，吸引了一些最偉大、最聰明、最有才華的人走入經濟學這個行業來。」[5]

不過，一直沒有一個大家都能接受的解釋出現——直到最近[6]。

錢如何流動？

依照定義，一個人的財富，應該是你擁有的一切東西，包括房子、車子，到裝在罐子裡放進櫃子的東西，再加上你銀行裡的存款以及股票與債券，最後減掉你所有的負債。我們每個人都擁有某種程度的財富，有些人會比別人多些；當我們賺到錢或花掉錢的時候，或是股票價格上揚或下跌的時候，財富也會跟著變動。要預測某個人在某段時間，財富會增加或是減少，當然是很困難的。但是從一個最簡單、最想像得到的立足點，我們可以很有信心地來談談一個人的財富會如何流動——從邏輯上說，有兩種同樣基本的改變方式。

現在美國勞工的平均年收入大約是三萬美元，每一年，公司會把這筆錢平均移轉給每個勞工，當然，這些錢又是從某個地方來的，通常是來自於購買公司提供的產品或是服務的顧客手中。

這是財富流動的第一種方式——在不同的人之間流動。每次有金錢易手，譬如你去銀行兌支票，或刷信用卡購買某件商品，在經濟交易的連結線上，財富就有點滴的流動，會使得某個人稍微富有一些，而另一個人稍微窮一些。**在日常生活層次的經濟活動裡，個體的財富會增加或減少，但財富的總量是保持不變的**。

然而還有第二種方法，會使個體的財富發生改變，同時財富的總量也跟著改變，那就是投資。在一九九〇年代，科技類股票，尤其是網路公司的股票，股價上漲到原來的五倍之多，對持股的人而言，等於憑空增加了巨額的財富（至少就帳面上而言）。

就在我寫這段文字的時候，美國房地產的價格經過十年左右的攀升，已經高到驚人的地步。投資能創造出財富，當然也能使財富突然蒸發掉。雖然很多人深信房地產的價格只會往上走，但其實在很多情況下，它還是會下跌的，就像二〇〇〇年春天的網路股價泡沫化一樣。**投資是使財富發生改變的第二種方式，而它和機會因素的關係很深**。

如果我們把財富看成是一種實體物質，就會看到它在人群之中流動，有的時候，它在某個人手中，準備投資，於是它的數量會改變，會增加或者減少。令人意想不到的是，由這個簡單的圖像，再加上我們對人類行為的更深領悟，居然可以解釋帕雷托的發現。

幾年之前，物理學家布修（Jean-Philippe Bouchaud）和梅札赫（Marc Mezard），根據前面所說的想法，建立了一個人工世界，並研究這個模型的運作情形[7]。

在這個人工世界裡，人們會藉著交易來互通財富，也會因為投資行為而增加或損失財富。為了使這些虛構的社會原子的行為更真實，他們做了一項更進一步的假設，就是財富的價值多寡是相對的。對一位獨力撫養兒子的單親媽媽而言，損失一百美金是沉重的負擔；但對很有錢的人來說，幾千美元的投資損失無關痛癢。換句話說，對於財富價值的判斷，和一個人擁有的財富有關；由此衍生出來的意義是，有錢人投資的比例會比沒錢的人更高。（舉例來說，極少數的窮人持有股票。）

利用電腦，布修和梅札赫模擬了這個由很多「人」組成的人工經濟體系，在這些規則下會產生什麼樣的經濟活動。他們很快就發現，交易行為會使財富的分配趨向更平均。非常有錢的人可能到處旅行、置產、消耗許多物資，而這些行為都使得財富流向別人；窮人消費能力很低，不會有多少財富從他們手上流出去。整體而言，人際間因交易造成的金錢流動，有消弭貧富不均的傾向。然而，這股力量的作用顯然比不上另一股相反的力量。

雖然布修和梅札赫給模型裡的每個人完全相同的投資技巧，但後來他們發現，單單憑運氣，就會使得有些人比其他人更有錢，於是這些人會有更多的財富可以進行投資，就有機會得到更多的錢。

這就點出了為什麼我們無法理解貧富不均現象的道理何在——我們對於財富相乘效應的累積速度，缺乏正確的認識。拿一張只有〇．一毫米厚的薄紙，假設你可以把這張紙對摺二十五次，每次對摺後厚度都加倍，最後的厚度會是多少？碰到這個問題，幾乎每個人給的答案都嚴重低估了（正確答案是約達三公里厚！）。

同樣的道理，**一連串正向的投資報酬，給人帶來的財富並不是相加的，而是相乘的**，已經足以造成財富分配的不均。在這個模型裡，最後的結果是財富會自動集中到少數人的手中。不僅如此，財富分配的數學分布，還完全符合我們在現實世界裡看到的冪次法則。

在布修和梅札赫的模型裡，只引進了很簡單的假設，就得到與真實世界非常符合的結果，因此這項研究的結論是很難爭辯的。貧富不均的現象好像和左派或右派人士所給的答案，完全沒有關係。正如這個例子所說明的，有一種完全自然的過程，會把大部分的財富推到少數人的手裡去，而且這裡面完全沒有任何權力或陰謀的勾結。

這個例子也顯示出，**不管人們之間的聰明才智分配如何，你都會看到極大的貧富差距；即使所有的人創造財富的本事都是一樣的，仍然會出現貧富不均的現象**。因此，你不能推論說，有錢人之所以會有錢，全是因為他們的聰明才智優於常人，或比別人工作更努力。

這項結論和很多其他的研究所得到的結果很類似，人類的成就之所以有很大的差異，大都是由簡單的自然過程所致，和個人與生俱來的技巧無關[8]。我們再舉個例子。最近，加州大學的西姆金（Mikhail Simkin）和羅伊巧德哈里（Vwani Roychowdhury）重新檢視第一次世界大戰期間，德軍王牌飛行員「紅男爵」李希霍芬（Manfred von Richthoven）的輝煌紀錄。他在連續八十次空戰中獲得勝利，這樣非凡的戰績似乎不可能只靠運氣，應該能反映出他非比尋常的技術。不過也不盡然如此。

西姆金和羅伊巧德哈里研究了一次大戰期間全德國飛行員的紀錄之後，發現總共有六千七百四十五次戰勝的成績，而總共只失敗了一千次，其中包括了飛行員受傷或陣亡。這兩位學者指出，勝敗之間的不平衡，部分反映出德國戰機飛行員經常挑武裝較差、或機動性不佳的戰機做對手，因此他們平均戰勝的比例高達百分之八十。

這一點很重要，因為從統計上來看，這麼高的戰勝比例，表示單憑運氣，在將近三千名的德國飛行員之中就可能有一人能連續戰勝八十次。這項分析也指出，包括「紅男爵」在內的前百分之三十名王牌飛行員，彼此之間可能並沒有高下之分。兩位學者的結論是，「戰爭明星的輝煌紀錄，只是運氣好而已」。[9]

布修和梅札赫的財富模型並不涉及特定國家或國民的任何細節，也不代表美國、德國、英國、哥倫比亞，或任何一個國家。重點在於，它所描述的過程是如此基礎，就像謝林的種族隔離模型那樣，因此可以回答幾乎在任何國家發生的問題[10]。這項基本的認識，讓我們可以把一些政治性的論點擺在一邊，而且再次顯現**事件背後有一些簡單的運作力量，可以讓社會現象表現出數學法則般的形式**。

但更重要的一點是，在近代科學的脈絡中，這一切沒有什麼好奇怪的。貧富不均的普適法則只顯現出，人類社會的數學法則與描述自然界的定律之間，存在著一種深切的共鳴。

火星上的河道

美國中部的密西西比河，向南流入墨西哥灣，河的東西兩岸都有許多大大小小的支流。這些支流展現出來的不規則性，其實不令人意外，因為任何河流系統的分布，都反映出當地的地球物理歷史，包括引起河道改變的地震、降雨的模式等等。河流和其支流的整體結構，就好像該地域的指紋和歷史一樣。但在這種不規則表象的背後，在密西西比河或所有的河流系統當中，存在著一個令人驚訝的組織型態。

河流系統裡任何一條支流的水量，反映出這條支流的集水區域大小。在墨西哥灣附近，密西西比河的水量很大，因為美國中西部和西部的水大部分都流到這裡來，但是越往北、往河的上游走，密西西比河本身和它的支流就越來越窄，因為它們集水的面積減少了。不可思議的是，河流這種越來越窄、分支越來越多的現象，竟遵循了某種數學模式。

你可以把水量很大的大河，想成是「比較富裕」的，而那些小河就「比較貧窮」，用這種方式來思考之後，接下來再去計算各種尺寸的河流（以它的總水量來計算），你將會發現，河流的數目會隨著尺寸的增加而減少，而且是以非常規則的方式減少——很多研究已經得到這樣的結論了。

說得更明確些，如果我們用W代表（每天的）水流量，那麼帶有某種水量W的河流數目會和$1/W^{\alpha}$成正比，右上角的數字α大約等於1.43[11]。你應該會覺得這個關係看起來有點面善，因為它和描述財富與人數之間的數學關係，長相幾乎完全相同！這就怪了，河道裡的水流量，居然非常類似於人們手中累積的財富。

因此，密西西比河整個水系的分布情況，並不像表面看起來的那樣隨興。但故事還不只如此。如果你再去研究其他的河流，例如中國的長江，埃及的尼羅河，以及俄羅斯的伏爾加河，會發現這些系統都有非常雷同的模式。事實上，地球物理學家已經發現，他們研究的每一條河，儘管外觀差別很大，看起來一點秩序也沒有，但底下都潛藏著這種模式。

這個可以描述河流系統的普適定律，呈現出來的一種規律性，可說是克卜勒發現的行星軌道模式的現代翻版，只是它又更加微妙了一些。現代地球物理學家扮演的角色，類似當年的牛頓，想要找出能解釋這種規律性的理論。**大體而言，這是一種回饋機制**：水流會產生侵蝕，從而改變了地貌，而地貌又會改變水流的型態，等等之類的。只用幾條簡單的方程式，就能掌握整個過程，正如只要幾條簡單的方程式，就能掌握經濟體系裡財富流動與財富相乘的效果。

我提及河流系統，並不是因為這種系統能直接告訴我們什麼和人類社會有關的東西，而是因為兩個截然不同的情境中出現了相同的數學規律，這何止是偶然。

這個規律（我稱它為冪次法則）是說，某個量A，和另一個量B的n次方成正比，即$A \sim B^n$。除了財富和河流的流域之外，樹枝、雲彩和材料表面的裂痕，全都符合冪次法則，而網際網路流量的起伏、免疫系統的反應以及其他很多自然現象，也可以用冪次法則來描述。此外，從地震、森林火災這類看似隨機出現的事件所做的統計資料中，也常浮現這種數學規律性；以地震為例，某種強度的地震的次數，與地震釋放的能量E的平方成反比。[12]以上這些發現，反映出一項事實，就是在**複雜裡潛藏著簡單**，而這些發現對於現代科學十分重要。

一百多年來，物理學家基本上一直專注於處於「平衡」的系統；事實上，我們所知道的一切普通物質，從金屬到液晶，從半導體到超流體，它們的性質幾乎都可以用平衡理論來描述，而很多更「奇特」的物理學應用，例如量子運算，情形也差不多。與此呈鮮明對比的是，那些浮現出冪次法則的系統，顯然不是處於平衡的，例如地殼或是網際網路，它們一直不斷演變，永遠不會停留在一個不變的狀態。

對於「非平衡」系統的這一大片尚未完全探索的領域，現在有個綜合性的學門，叫做「複雜科學」（complexity science），企圖建立相關的理論，並應用於物理、化學、生物還有經濟學上。這個學門的其中一項主要發現是，要想從複雜的非平衡系統中發現類似定律般的模式，我們就必須退後一步，先不要管細節，而是著眼於大處。我們無法準確預測出以後誰貧誰富，也不會知道下次地震的強度；**像定律般的可預測模式，其實是出現在「許多事件」的層次上，出現在統計數字裡**。很可惜，這個見解還沒有在社會科學上興風作浪。

不求預測特定事件，而只求預測一般的模式，並不表示不能回答重要的問題。幾年前，美國航太總署的「火星勘測軌道」衛星低空飛掠火星，並傳回許多火星表面的影像，其中有山脈、有山谷。

義大利物理學家卡達瑞里（Guido Caldarelli）和同事們取得了這份影像資料，然後描繪出一個錯綜交織的山谷系統，這個山谷從肉眼看起來就像是一個古老的河道系統。當然，它現在已經乾涸了，因此我們不清楚它到底是不是河道系統。但這群物理學家研究了這個系統的統計特性，發現它和地球上的河流系統一樣，遵循同樣的冪次法則。這項數學分析提供了令人信服的證據，說明這部分火星表面的地形，曾經受到與地球河道形成的相同作用過程——受到重力作用的液體流動。[13]

為何會有企業存在？

從亞當・史密斯的時代（甚至更早）以來，哲學家和經濟學家都對「市場」輔助經濟活動的力量感到驚異。市場運用了群體社會活動，使我們每個人變得比在沒有市場的情況下更精明，這一點確實令人印象深刻。從這層意義來看，就會像經濟學家海耶克曾經說過的，並不是人的理性，使市場有效運作，而是市場機制的效能使我們變得更理性。

舉例來說，我壓根不知道一條新的牛仔褲或一包莫札瑞拉乳酪，要花多少人工和材料的成本，但經由市場機制的運作，這些東西都有它們的價格，我不必多花冤枉錢就可以買到。很多人的各自行動，包括了買家和賣家，讓物品有適當的價格。

但是海耶克的說法和一般強調自由市場優越性的言論，其實也點出了一個更深的謎。如果自由市場這麼偉大，為什麼並非所有的事情都由自由市場來決定？或者換個說法：為什麼會有企業存在？

從貝果到枕頭套再到投資顧問服務，我們所用的一切，幾乎都是由很多人在一起工作的某家公司生產的，規模可從兩個人的貝果攤到像奇異公司那樣的跨國企業。

在企業裡，每個人都是聽從上級的指示，依照工作計畫行事，並不像在自由市場裡，只追求自己的目標。為什麼勞動者和管理者不是依照自由市場的協商機制來工作，每個人都吹噓自己有「最好的技能」和「最便宜的價格」？為什麼支配了企業外部的自由市場規則，管不到企業內部？

熱中於自由市場機制的人喜歡宣揚，自由市場經濟的力量勝過共產國家的中央控制「計畫經濟」，但弔詭的是，正如加州大學經濟學家瓦里安（Hal Varian）指出的，「如果仔細檢視，資本主義的基本單位其實很像是中央計畫。」[14]

當然，如果想用「市場機制總是最好的」這種陳腔濫調，來總結豐富的經濟生活裡的每一件事，那就太天真了。市場機制不一定是最好的，而且這有很好的理由。

很久以前，經濟學家寇斯（Ronald Coase）就指出，**自由市場裡的經濟行為並不是真的像我們想得那麼「自由」**。如果你買輛新車，付出去的絕對不只是支票上所開的那個價款。開始的時候，你必須花很多時間去找經銷商，翻閱各種購車雜誌和相關的報導；等你決定好車型和經銷商之後，必須和他們談折扣與配備，或者贈品。任何一項銷售或交易，都有一些隱藏的「交易成本」，這個成本通常不會寫在帳簿裡。很多企業都會花大錢請律師幫他們寫契約，來保障自己的交易利益。

寇斯認為，企業的存在，至少一部分是為了降低這些隱藏的交易成本，這也就使得自由市場比表面上來得昂貴。在企業裡，由於管理階層實施了由上而下的管理措施，人們可以毫無顧慮地分享技能，進行交流。

這是一般常見的說法，但其實還有另外一種說法。我們大部分人雖然在企業裡做事，受老闆指揮，但最終的決定權還是在自己手上；我們可以辭職不幹，而大部分的人常因為個人因素，進入或離開一家公司。自由市場確實是存在的。問題在於，從自由市場的運作過程中，為什麼會自然冒出貌似中央計畫的東西，比如說企業組織？一群人一起合作以降低交易成本，只是原因之一，但應該不是全貌。

幾年前，美國布魯金斯研究院（Brookings Institution）的社會學家艾克斯泰（Robert Axtell），針對當時美國超過五百萬家營利企業做統計分析。研究了不同規模的企業總數之後，他赫然發現了以下的冪次法則模式：如果以總營業額S來代表企業規模，總營業額為S的企業總數和$1/S^2$成正比。也就是說，營業額達一百萬美金的企業總數，是營業額兩百萬的企業總數的四倍，而營業額兩百萬美金的企業數是四百萬企業的四倍，依此類推，各行各業都一樣。

我們仔細想想這件事。興趣和技能都不一樣的幾百萬人，組成企業組織，有的人只是為了錢，有的人是繼承了家族事業，不一而足，而這些企業的業務千奇百怪，從洗車或寵物美容，到製造巡弋飛彈。但從這片混沌之中浮現出來的數學模式，卻如此單純，好像美國政府以效率空前的官僚體系，有計畫地做了什麼事似的。[15]

就像我們在「火星上的河道」一段裡所看見的，這種準確的法則可以當成一種研究工具。任何一個有希望能用來解釋企業運作的理論，最好也能再現這個簡單的模式；當然最好還能釐清別的事。正如後來所發現的，**企業的成長率也遵守另一種冪次法則**：大企業的成長率的變動幅度，比小企業來得小，而且兩者間同樣有準確的數學比例關係[16]。

任何一個可以接受的理論，也應該把企業消長的現象納入考慮。儘管通用汽車、微軟或艾克森美孚之類的大企業，好像屹立不搖，穩如泰山，他們也不能太掉以輕心；一九八〇年代的美國前五千大公司，目前仍然存活的還不到一半。最後，這樣的理論當然還應該如實呈現出社會原子是一種有適應力、目標導向的生物。

這感覺上也許過於苛求了。沒有哪個傳統經濟學理論，能接近上面的那些要求，但這並不令人覺得意外，因為長久以來，經濟學注意的一直是一種靜態的、平衡的、不切實際的世界圖像[17]。但要找個好得多的理論，並沒有那麼難，只要能掌握到那些促使我們一起工作、彼此合作的誘因和結果，掌握到往往會隨著有效合作而產生的那些問題。

企業發展的圖像

讀過前面幾章的人，可能猜得出我接下來要說什麼。本書有個重要的次主題，就是：**任何複雜的現象，都植根於簡單性，連人的世界也不例外**。我們所知道的真實經濟世界裡的事情，包括我們剛談過的數學模式在內，很多都是從非常簡單的基本觀念所構成的簡化圖像中跳出來的。**只要把重要的部分弄對了，其他部分自會迎刃而解**。

想像一個世界，剝掉了幾乎所有的細節，沒有在全世界各地飛來飛去的大老闆，也沒有PDA和高額的開銷，只有三項簡單的基本特性為基礎，正好反映出這個世界的真正核心。

首先，這個世界裡有很多人，每個人都可以自行決定要單打獨鬥，或是和很多人一起在一家企業裡共同工作。第二，由於有團隊分工合作，在一起工作有可能為團隊裡的個體帶來利益；一個成功的十人公司，產生出來的效益通常大於個人產值的十倍，因此公司員工可分配到的利益，會超過一個人單打獨鬥。這是商業世界很明顯的一項要素。

不過，還有第三個要素同樣明顯——要使一堆人合作並且保持長期合作，並不是件容易的事，因為欺騙的威脅一直存在。我們都知道，「搭便車」行為會暗中破壞團體合作。在工作中，聰明又自私的人總會想辦法少出些力，但卻共享團體的整體生產力。因此，身為公司的一份子，並不保證有較高的報酬；可能辦公室裡有很多偷懶的人，還不如你自己一個人單打獨鬥。

這幾個因素互相作用，產生了非常豐富的動態表現，似乎可以真的解釋企業的本質。幾年前，艾克斯泰設計了一個電腦程式，用來模擬一種人工經濟體系，其中的人可以共組公司。開始的時候，每個人都只是單兵作戰，但他們可以改變心意，和別人一起工作，如果這樣可以多賺些錢的話。為了使這個模型更細緻些，艾克斯泰還在裡面加了一些個性差異，有些人比較積極進取，努力工作，要求較高的收入，有些人則比較閒散，可以接受錢少一些，但空閒時間要多些。

起初，艾克斯泰發現，由於努力工作的人聚在一起，產生的效益大於個別作戰，所以積極型的人的確開始結合起來，組成公司。隨著時間流逝，公司會成長，變成更有生產力，也吸引更多的人加入，這些新加入的人有的比較積極，有的比較閒散——這就揭開了更繽紛的故事的序幕。

在小公司裡，每個人的努力都對總產出有很大的影響，一個人的產出和他投入的多寡有直接的關係。因此在小公司裡，不會有人有那種搭便車的心態，每個人都想努力工作，好好賺錢。但在大公司裡，每個人的貢獻在總產出裡只占很小的比例，因此如果有人假裝努力工作，其實在暗中摸魚，仍然可以分得他那一份，因為公司的總生產力幾乎沒有損失。

在模擬的過程中，艾克斯泰發現，當公司發展到某個規模之後，的確會誘發某些員工的偷懶行為，受到誘發的通常是那些比較沒有企圖心的人。不幸的是，這些行為不久就會散播開來，那些努力工作的人看到自己的辛苦成果竟讓偷懶的人得益，心生不滿，於是也開始偷懶。不過，艾克斯泰在模型中加入了另一個設定，讓每個人可以選擇離開公司或是跳槽。電腦顯示，一旦大公司裡有人開始偷懶，它就會流失掉那些努力工作的員工，這些人不是跳槽到投機者比較少的公司，就是自立門戶。

簡言之，公司之所以成長，是因為大家合作能夠帶來利益，但是公司的成功卻為日後的偷懶者設好舞台，而偷懶的行為會逐漸破壞公司賴以成功的合作精神。**最終的結果並不是某種平衡狀態，而是一種永無休止的輪轉**；辛勤工作者成立新公司，這些公司變大、變老之後，最後又會受到偷懶的搭便車行為腐蝕，嘗到苦果。

這個模型之所以沒有被人當成玩具看待，是因為它以驚人的準確性，重現了真實的情況。在模擬中，公司按照規模所做出的分布情況，很快就達到一個固定不變的形式，企業的規模（可由員工人數或總產出來衡量），遵循我們在真實世界看到的冪次法則。更不可思議的是，企業的成長率甚至壽命，也都浮現出冪次法則。這個電腦模型由極端簡化的圖像開始，但是相信簡單的規則有辦法產生複雜的結果，最後卻解釋了沒有任何經濟理論解釋過的模式。[18]

這個數學模擬的成功，給了我們一個堅定的理由，相信我們所假設的企業發展圖像至少在方向上是正確的。而且它還對商業世界提出了一個不太尋常的看法，儘管由後見之明來看，這個看法也許不那麼出乎意料。

很多人都認為企業是「無情的」，企業領導人是「冷靜的」甚至有「鐵石心腸」，企業之間的競爭是決策者的「割喉戰」。這類的陳腔濫調比比皆是。但上述的模擬顯示，表面上競爭激烈的現代企業成功運作的核心，其實是由合作產生的社會凝聚力。能夠使員工維持合作精神的企業，就能從員工的努力中得到良好的營運績效，也就能獲致長期的成功。在現代企業運作的核心裡，我們竟然看到了十萬年前，同樣協助了人類祖先的珍貴社會資源，這說起來還真是弔詭。

從統計結果中進行預測

西元前七〇〇年，巴比倫人已經發展出足夠的天文學知識，可以預測月食；他們比前人更了解這個世界。其後二千五百年，科學磨鍊出自己的能力，可以做出更準確的預測，從伽利略、克卜勒，到最後出現的牛頓，把我們對這個世界的機械論預測能力，推上了舞台的中央。正如十八世紀後半的法國科學家拉普拉斯（Pierre-Simon Laplace）所指出的，在牛頓的機械論宇宙觀裡，只要有足夠的數據，知道所有粒子在任何時刻的位置和速度，那麼未來的一切都是可以詳細預測的。

今天，科學家使用「預測」這個字眼，可比以前隨便多了。有人可能預測說，某種新物質在低於絕對溫度四十度時將具有超導性，或者預測說，缺乏某個基因的老鼠，將缺乏某一種特徵。這些預測的提出，永遠先於實驗測試，只不過目的不在於預言未來，而比較像是探索未知的科學。這種預測是推動科學進步的引擎：我們設計了現在（實驗），並觀察未來（結果），以便在我們的理論與經驗事實之間，做個比較。

我們在這一章看到的例子，說明了現代科學對所謂「預測」的概念，又做了更進一步的修正。小孩子出生的時候，我們無法準確預測出他們以後將富裕到什麼程度，這種事情有太多的偶發情況，有數千個相關因素，使這種預測完全沒意義。同樣的，我們也無法準確預測某家公司，例如亞馬遜網路書店或eBay會撐多久。但就算我們不可能針對這類特定細節做出預測，**對於從許多這類事件中浮現出來的統計結果，我們還是有可能進行預測，甚至是相當準確的數學預測**。

正如我們在貧富不均問題及企業規模分布中所見到的，人類社會的數學法則通常出現在許多人或企業組織的層次，而不是在個體的層次。只要建構出能再現這些法則的簡單程序，研究人員還是可以像物理學上那樣，測試自己對人類社會的了解程度——我也許該補上一句：要建構這些程序，並不容易。

過去和目前的社會科學，幾乎都建立在平衡觀點的基礎上，認為各種社會力量彼此互相競爭，而表現出來的現實就是最後的平衡狀態。有些社會科學家甚至認為，社會裡發生的所有事件，依定義來說，必然反映出某種平衡狀態。

但我們在這一章看到的例子，卻提供不同的視野。大部分的世界非但不平衡，而且通常還與平衡狀態相去甚遠，是會經由回饋機制，不斷演變，產生新的模式來取代舊的；人有時賺錢，有時賠錢，一生之中來來回回好幾次；每年都有公司成立和歇業。不過，在複雜紛亂的表象和故事背後，依然浮現出簡單的數學法則，反映出有秩序的運作過程。就和物理世界一樣，人類社會或多或少也受到了數學預測法則的支配。

9. 未來是可預期的

如果每個人都變得科學化了，那麼神職人員和上帝就沒得混了。訓條：科學是被禁止的，完全不被允許。科學是最初的罪，是所有罪行的種子，是一種原罪。

——尼采

一九六八年，美國佛蒙特州有些官員注意到，飯店和其他行業在高速公路兩旁豎立了很多巨大招牌，這些難看的東西，把原來優美的林地與牧場的景致都糟蹋掉了。他們決定採取行動。

州立法機關採取了一項很簡單的辦法，規定所有的招牌與看板，不能超過某個尺寸。剛開始，似乎頗有成效，一時之間，公路兩旁的廣告看板變小了，也減少了。但是，不久之後，卻出現另一種景象——公路旁開始出現巨大而古怪的立體廣告。有個汽車經銷商為了吸引大家的目光，做了一尊三百六十公分高、十六噸重的大猩猩，雙臂舉著一輛貨真價實的金龜車。

既然有人帶了頭，一家地毯製造商也跟進，做了一支冒著熱氣的大神燈，精靈從裡面現身，腋下還挾著一捆地毯。因為這些結構物上，並沒有出現任何廣告文字，法律對它們也無可奈何。立法機關顯然對某個惡名昭彰的社會法則毫無所悉，它叫做「**非預期後果法則**」。[1]

社會學家莫頓曾經寫過一篇論文，來討論這個法則，標題是〈有目標的社會行動的非預期後果〉[2]。莫頓認為，為了達成某個目標而設計的政策，常常產生一些非預期的結果，這是有幾個原因的。短期的利益，有時候會慫恿我們不去管長期的後果；我們寧願享受眼前較低的稅賦，而不在乎日後道路和教育品質是不是會惡化。但大家通常就是會忽視後果而犯錯；社會是這麼複雜，讓人們幾乎不可能預見任何一個步驟的後果。

一九七〇年代晚期，美國的政客在許多經濟學家的支持下，決定解除對航空業的管制；他們認為這項措施可以刺激航空公司之間的競爭，消費者可以得到比較便宜的機票和更好的服務。大家都很天真地認為，這正是自由市場的運作方式，但結果並不全然是這個樣子。

三十年後，正如運輸專欄作家馬歇爾（Alex Marshall）的觀察，現在的情形是：「直飛的班機更少，航空公司也更少，票價更難預測，還有許多所費不貲的限制，而且幾乎每一家主要的航空公司都有財務困難，這絕不是偶然的。分析師估計，從解除管制之後，航空業整體的損失超過五百億美金。某些航線上，消費者支付的票價確實便宜了些，但是在其他各方面卻花費了更多的錢，因為一下子多出了許多新的限制與條件。」

解除管制的措施似乎沒有意識到一件事：**最好的競爭方法之一，就是讓競爭對手退出市場**。一九七八年之前的二十七年裡，沒有任何一家航空公司破產，但自從一九七八年以來，已經有一百六十家航空公司破產，而且現在各主要城市的機場，都各由一家主要的航空公司把持；在幾個最大的機場，超過百分之九十的起飛班機各由一家航空公司控制。而且，經常坐飛機旅行的人都知道，由於航空公司把更多旅客塞進更小的空間裡，搭飛機比以前更不舒服了。馬歇爾更進一步指出，還有其他非預期的改變發生：

受到管制時，大的航空公司會定期購買更新、燃料效率更高的飛機，因此運輸旅客的票價也會更低。但在解除管制之後，深受財務困擾的航空公司，很少願意冒險花上幾十億美金，來買好幾年以後才能交貨的新飛機，因此，現在飛在空中的飛機都相當老舊而危險。我懷疑這也是為什麼近幾十年波音公司業務一直下滑，而歐洲空中巴士集團的業務卻蒸蒸日上的原因。解除管制之前，美國的航空公司每隔幾年就會向波音公司買一個新的機隊，這讓波音公司有創新與商業競爭的自主能力。[3]

當然，每當我們必須應付一個自己並不十分了解的複雜系統，難免都會碰上一些非預期的後果。這是在歷史上人類設法掌握社會和經濟世界時，注定要發生的事。但誰說我們束手無策，非要受制於非預期的後果不可？我們現在有機會做得比以前更好。

最近，伊利諾州決定開放電力市場的競爭，主其事者就有自知之明，認清意識型態並不等同於對事實的了解。為了不想重蹈加州的覆轍，伊利諾州徵得阿岡國家實驗室（Argonne National Laboratory）的科學家的幫助，事先看看會不會發生類似的問題；在加州，由於草率開放的結果，使安隆（Enron）公司和其他能源公司能夠操縱市場，在二〇〇〇年間以

「電力短缺」的假消息，詐騙了公眾幾十億美金。

我們要怎麼知道未來會發生什麼事？其實並不太難，只是必須注意細節，然後展開一些工作。馬卡爾（Charles Macal）帶領了一組團隊，建構出一個電腦模型，裡面有各種各樣的「代理人」，代表個別消費者、法規管制者，以及各個發電、輸電、配電及用電的團體與公司。

這些代理人各有自己的經營策略（不管這些策略是什麼），也會從經驗中學習與適應，不斷尋找更為有利的新策略。有些公司本意並不是要欺騙市場，但馬卡爾的團隊卻發現他們確實有這種本事：有些公司可以設計出地理上的「口袋」區域，在這種區域內，價格完全由他們決定，而這是開放電力市場自由之後理應避免發生的情況。聽起來是個壞消息，但是研究團隊也找到方法堵住這些縫隙，消除掉相關問題。

伊利諾州最後還是決定，要在二〇〇七年的某個時候，開放電力市場的自由競爭，不過他們現在是在真正了解了情況之後才做此決策的。

這種建立起知識與見解的方式，正好反映出我在這本書裡所要傳達的想法。先對社會原子有個粗略的圖像，然後考量人們互動的過程，接著便用你擁有的一切方法，數學也好，電腦也好，不管是什麼，看看可能會出現什麼模式，以及可能會有什麼後果發生。這是社會科學之外的所有科學的運作方式，但**諷刺的是，現今絕大部分的社會科學還沒有採取這個方式，而它其實也是以往偉大的社會思想家心裡所想的方式**。

一個更自然的傳統

比牛頓晚了一個世紀的蘇格蘭哲學家休謨，對科學的進展充滿了熱情，並且曾經想要像牛頓了解物理學那樣來了解人——不是利用推論，而是經由實驗與觀察。在《人性論》這本書裡，休謨表達了自己的期望，希望「推論的實驗方法」可以有助於建立「一門關於人性的科學」。

傳統上，哲學家把人看成是激情的奴隸，或是由邏輯和推理驅使、能自我控制的半神半人。但休謨認為，由對人的觀察，我們知道這兩種看法都是不夠完整的。我們有時候是理性的生物，但理性往往不是支配的力量：「人們通常並不是以理性相待，人們的互動有點像撞球的互相碰撞；引導人們的行為模式，主要是習慣，而且通常是行動者毫無察覺的習慣；這種習慣會驅使行動者去做一些他們不知為何而做的事。」[4]

休謨這番描述裡的「習慣」一詞是很廣義的，是指社會規範、習性與行為傳統，是經由生物機制或文化傳承給人類的，限制並導正人們的行為，使人們做出類似的事情。除此之外，休謨也反對強調人性貪婪是主要的行為動機，休謨認為「利他」是人格特質中的一項實際元素。他覺得，把人說成是自私的生物，「不但違反一般的感覺，也違反了我們最無成見的意念」。

不十分令人意外的是，在休謨的年代，我們對人類社會的了解有實際的進展，這主要是靠休謨的朋友及蘇格蘭同胞亞當・史密斯的努力。**史密斯和休謨一樣，很少認為人是自私的**。儘管在今天，我們都把史密斯當成個人主義的原始代表人物，但史密斯其實相信，當「我們大家多為別人著想，少為自己著想」時，才能建立健康的社會秩序。

在休謨集中精神想捕捉社會原子的特性時，史密斯更想了解的卻是這些原子在經過互動之後，會產生什麼社會結果，甚至驚奇。

史密斯的經典之作《國富論》，應該稱為「一部關於人類事務非預期後果之效應的百科全書」[5]。其中最有名的，當然是史密斯下列的主張：如果每個人都努力追求自己的利益，整個社會將因此得到利益，就算不是出於他們原先的意願。

說得通俗些，他最關心的事是想透過徹底的了解，學會預料社會生活裡那些非預期的結果會如何出現。史密斯相信，人的行為主要是受激情的控制，而不是推論能力，而要達成改善社會的目的，最好是去了解如何把激情「導向」好的結果。

如果休謨和史密斯今天還在世的話，八成都會認為貧富不均的程度，已經嚴重威脅到社會凝聚力——幾乎所有國家的貧富差距現象，都在過去二十五年來明顯擴大[6]。史密斯當然相信，個人行動所產生的社會模式，會回過頭來作用在個人身上，進而改變他們的行為。我懷疑他對近代心理學研究所顯示出來的，人們對於自己富裕程度的判斷是相對的而非絕對的，會不會感到驚訝。在這一層意義上，**高度的貧富不均會腐蝕人類的滿足感**。

史密斯或許也會指出，今日社會上這種貧富不均的現象，就像在他的時代一樣，容易導致一種不具生產力的「競租」行為，正如有錢的人利用權力優勢來阻礙別人競爭，從更窮的人手中剝削財富的這種作為。他甚至還會關心聯合國最近所做的一份研究中提出的貧富差距擴大趨勢，這份研究的結論是：

收入與財富不平均所帶來的差異，其實是反映在一個國家的經濟表現不佳上。通常當國家的貧富差距較小的時候，它的教育水準和社會福利的分配也會比較平均。如果有個社會，大部分的家庭都是貧窮的，那麼它的平均教育水準，會比大部分是同質中產階級的社會，例如大部分的西歐國家，低落很多。因此，高度的貧富不均會導致這個國家的人力資本未獲得充分的發展，這當然會影響到整體的經濟表現。[7]

毫無疑問的，休謨和史密斯一定不會同意下面這種近代的想法：個體是孤立而獨立的，不會受到社會的影響。**社會模式會回過頭來影響個人，並限制住個人的行為**，有可能往破壞性的方向，但也可能是有建設性的——如果我們能夠學會有效掌控這種模式的話。

休謨、史密斯和啟蒙時代其他的大思想家所不理解、也不可能理解的，是掌控社會模式及處理社會複雜度時所遇到的高難度。他們希望用物理學的精神，為人類社會建立一套科學，但受限於使用的工具；最重要的是，他們欠缺這兩個世紀間發展出來的物理學想法，也沒有電腦協助他們在一個「實驗性」的情境裡，去測試簡單規則產生出來的結果。

經過了兩個世紀，我們終於有能力回過頭去，重拾休謨和史密斯遺留下來的問題。在前幾章裡，我們已經看到幾個特定的例子；或許透過一個更宏偉的例子，我們還可以瞥見整個人類史上一些富有意義的模式。

帝國為什麼終會結束？

馬克思以為自己看到一條穩定前進的歷史軌跡，最後通往由工人領導的世界政府，英國歷史學家湯恩比（Arnold Toynbee）則聲稱，自己看到文明興衰的循環模式，而今日大部分的歷史學家，都覺得馬克思和湯恩比是迷糊了，也認為追求歷史法則是傻子的行徑。

但如果地球上每一個生物族群的動態，都遵守可以辨識的模式來演進，而我們人類卻由於某種未知的原因，逃過了這種自然邏輯，就是件很奇怪的事了。若要說是否詳盡理解了歷史的法則，我們可能還差得遠呢，但去看看我們怎麼把我們從猜測中學到的一些東西兜在一起，倒是很有趣、可能也很有啟發性的事。

除了個人的聰明才智之外，真正讓我們和其他物種不同的，是我們的合作能力，就算是沒有血緣關係的陌生人，我們也能與他合作。我們在這個行星上占有這麼大的優勢，最重要的單一因素可能就在於此。英國政治哲學家葛雷（John Gray）曾寫過這樣的一段話：「自然界遭到破壞，並不是全球資本主義、工業化、『西方文明』或人類制度上的任何瑕疵造成的結果。它是一種慾望特別強烈的靈長類成功演化的後果。」[8]而我們的慾望之所以會這麼強烈，正是由於我們的合作能力，大家可以同心協力，達成我們永遠無法獨自達成的目標。

「強烈互惠」的行為特徵，似乎就是影響了這種分工社會工程的關鍵，而出現這種特徵的最合理解釋，就是經過了長期的團體競爭與衝突歷程之後，那些比較能分工合作的團體生存下來了。

康乃狄克大學的生態及演化生物學教授杜欽（Peter Turchin）認為，這種競爭其實尚未結束，而且它還貫穿了歷史，可以解釋各大帝國的興亡[9]。這種解釋當然是高度理論性的，但也說明了，把心理學上的洞見以及我們對模式與回饋邏輯的了解，兩者結合在一起，會有多大的潛在威力，而在這個過程中，我們可以超越慣常的歷史敘事型解釋方式。

杜欽認為，在世界舞台上，以人種、語言和其他特徵來區分的種族團體，永遠在競爭土地、資源等生存物資，而那些**可以維持高層次合作的團體，比較有機會勝出**，在集體防禦或攻擊上超越別人。俄羅斯與南方的韃靼人爭戰了三百年之後，終於成功崛起；美國內部也經歷了同樣長達三百年的生存戰爭，才凝聚得更緊密，變得更強壯。大致上，這讓我們聯想到前面所提過的，艾克斯泰對於現代企業競爭與生存所依靠的文化差異所做的解釋。

但是，把歷史看成是團體之間的演化競爭，會引發出另外的問題。這些成功的合作團體，後來發生了什麼事，讓它們走向失敗？而這可以解釋歷史上所有大帝國為什麼終會衰亡。要知道，每個案例的細節與故事，都是截然不同的。帝國面對的敵人不同，所處的地理位置也不同，而發明新技術的能力也各有成敗，所有這些因素應該都有關係才對。但在這些細節背後，可能有更基本的過程在運作，破壞了帝國賴以成功的合作關係。

帕雷托的財富自然法則暗示我們，純粹從數學理論來看，在任何一個富裕的國家裡，將會劃分出一小撮有錢有勢的人，和一大群貧窮的人。就像我們在前面討論過的，這種貧富間的差距，會破壞社會的互信與合作，以及有效的經濟功能。這種破壞力有時候是不可避免的。就像哈佛大學的經濟學家葛雷塞（Edward Glaeser）與他的同事所論述的，**貧富不均會使有權力和沒有權力的人，都有破壞有效政治制度的誘因，造成整個社會的傷害：**

> 貧富不均會以兩種截然不同的方式，鼓勵制度性的破壞。第一種是窮人想做的、「羅賓漢式」的方法，經由暴力、政治程序或其他方式，使財富重新分配。這會侵害有錢人的財產權，妨害他們的投資意願……第二種是富人想做的、所謂「約翰王式」的方法，經由法制的運作，政治的活動或破壞法律，進一步掠奪窮人的財富；他們可以透過政治影響力、賄賂、或對法律及政治資源的部署，大行其道。這種方式會動搖地位較低的人或小企業家的財產權，讓他們對投資裹足不前。[10]

由這個觀點來看，**促使一個帝國日後衰亡的因素，可能正是它的成功**，而套用杜欽的說法，帝國的衰亡是經由「醒目的貧富不均對於人們的合作意願的腐蝕效力」。

雖然貧富不均的結果是重要的警訊，但這個理論之所以有趣，是因為它超越了一般的歷史，它不只是一個由事實、日期和描述所構成的故事。它考量了我們知道一定有關的基本過程，企圖以此來解釋歷史。很可能在歷史裡，並沒有任何明顯的趨勢或簡單的循環，沒有哪樣東西可以總括成類似牛頓所寫的幾條簡單方程式。但如果歷史裡真的有某種可識別的過程，有它自己獨特的節奏與特徵，那麼這是我們可能找出它的方法——除了考慮人，還要考慮模式。

回歸到模式

在本書一開始，我談到了許多和模式有關、而和人無關的例子，並提出一種看法，認為人類社會之所以這麼令人費解，可能是我們在思考上有基本的錯誤。我們常喜歡在個人的特質上尋找原因，例如偉大的領導者或邪惡的狂人，而沒有注意到，正常人依正常的方式行動，也可能產生出我們想像不到的後果。

我們已經看到，社區裡的人會依種族而自動分開，就算沒有任何種族偏見也會如此；我們也看到，文明國家的出生率，會因為鄰居和朋友間的互相模仿而急遽下降，就像買流行的鞋款那樣。

我們也探討了，從冷酷無情的早期團體競爭歷史中，如何產生出溫暖的利他行為，並且看到，現代企業的崛起與崩解，如何反映了這種遠古的合作精神的產生與消逝。我們還談到帝國的興衰，可能也是同樣的過程在運作，只是把規模擴大到世界舞台上。另外，我們也在一些例子裡看到，在表面之下運作的簡單邏輯過程，居然浮現出我們在物理學上碰到的同類型數學法則，而在這中間，個人仍然保有自由意志，可以隨心所欲地做自己想做的事。

我們之所以能洞悉這些模式與法則，並不是因為我們把人類讚頌成某種神話般的超理性之神，而是因為我們接受了人類在自然界中的位置。**我們就像站在岸上的企鵝一樣，彼此模仿，目的只是想從別人身上學到一些有價值的資訊，把別人的不同經驗吸收過來**。現代心理學認為，我們的聰明才智並非來自精確的計算，而是來自我們的學習與適應能力，而這永遠是我們自己解決問題的方法。不過更重要的，還是我們共同解決問題的技能——藉著學會合作，或藉著一個人從另一個人身上學來的好本領。

但最為重要的，是我們掌握人際互動的能力，這種互動可以支撐社會凝聚力，建構非常複雜的人際關係網，使整體的力量大於部分力量的總和。我們生活在一個難以想像的豐富社會裡，但我們不應把它的豐富性歸於任何一個人——真正重要的是每個人與他們的理念、行動與反應的綜合效應。

要想了解人類社會，關鍵問題在於了解社會模式和組織的起源及浮現。就這一點而言，社會科學和物理學有越來越多的共鳴，並不是偶然的。長久以來，物理學家對於構成宇宙的原子，就有一幅相當不錯的圖像，也十分熟悉這些原子的性質。今天，他們仍致力於了解這些原子可能構成的各種模式與組織方式，而這一切，就形成了我們周圍無數的形式與物質，從雪花和樹葉，到星星、星系與黑洞。

我們越了解組織和形式的重要性，就越發現它們無所不在，連最基本的自然律本身都不例外。諾貝爾物理獎得主拉福林（Robert Laughlin）就說過：

> 我越來越相信，我們所知道的所有物理定律都有共同的起源，而不是只有一部分定律是如此。換句話說，若說基本定律和它衍生出來的定律之間有差異，是沒有事實根據的……物理定律通常不可能是全靠想出來的，而是實驗發現的，因為對於大自然的控制只在大自然透過組織的原則，允許我們去做時才會成功……物理學能告訴我們的是，整體總是大於各部分的總和，這不只是一種觀念，而且也是一個物理現象。大自然不僅在微觀規則的基礎上受到規範，還受到更廣泛而有力的組織原則的規範。[11]

我們才剛開始在人類社會裡瞥見這些組織原則，意識到形成人類世界的模式及背後的力量。但過去二十年的發現，已經改變了我們的視野，這項改變必然會引起巨大的長期反響。我們逐漸了解股市劇烈變化以及種族隔離與民族仇恨的背後，有什麼基本的組織力量，因而可以開始運用這些知識來採取行動，而且至少是在有一點點先見之明的情況下採取行動。

追求人的價值

既然我已經大略探討了研究人類行為與社會的更自然觀點，以及它帶來的令人興奮的可能結果，就不能不談談這種觀點可能招致的反面意見。

這種新的思考方式，絕不會降低或貶抑人的生命價值，只是接受下面這件事：那些應用於自然界的數學與機制也適用在人的身上。這也是我們應該期待的方向。但是很多人覺得，用科學的方法來研究人的事情，令他們失望、惱怒，甚至還有一點憂患意識。

有些人認為，人的生命就應該與其他生物不同而有所區隔，對這些人來說，從事實與關係的研究以及產生那些事實的過程的研究，所做出的解釋，是不會合意的。世界上還有無數的人，把宇宙的歷史視為偉大造物主的奇蹟，他們當然無法接受這種解釋；對他們來說，科學的事實只是侵擾了神的自由。

最後這一類的人，在目前的世界上仍然占大多數。談到宗教的時候，我們面對的情況就像史丹福大學哲學家哈里斯（Sam Harris）所描述的：

世界上大部分的人都相信，宇宙的創造者寫了一本書。我們面對的不幸是，有太多這樣的書在人手中，而每一本書裡都聲稱自己是對的……每本書的內容都要求讀者採納各種信念與實踐，這當中有少部分是良性的，但大部分都不是。不過，所有這些主張，都有一個邪惡的基本論點，那就是：「尊重」其他信仰或非信徒的觀點，是神不允許的態度。[12]

看來，宗教存在的原因似乎只有一個；宗教信仰就像我族中心主義的偏見一樣，透過它所鼓舞起來的能量和奉獻精神，對於我們的祖先和他們所屬的群體有很大的益處。我猜測，我們很多人的大腦，已經「預備好」要成為虔誠的信徒，就像準備好做本能的判斷那樣，例如判斷誰是可以相信的。這種盲目的信念，可能是團結整個群體的最後武器。

如果我們全屬同一個群體，那就沒什麼問題了；我們可以在一個理想的宇宙裡，過著自己的生活，相信我們想要相信的，彼此和睦相處。但是，信仰虔誠的群體對於自己背負的公理正義深信不疑，屠殺迫害其他的群體和非信徒，這在歷史上屢見不鮮。我們很難相信未來看不到這種事繼續發生，只不過用到的武器威力將會更可怕。從這一點來看，這種持續存在的信仰本能，可能成為我們最危險的「適應不良」。

事實上，長期以來把人視為高高在上的完全理性生物的這種觀點，其背後的哲學就是來自宗教思維的影響。同樣的思維也助長了另外兩種想法：一是認為社會科學在本質上和物理科學不同；另一則是認為我們必須畫出一條明顯的線，一邊是人，另一邊是自然界。**我們其實只是自然的一部分，想要更清楚地了解我們自己，只有學會接受這個事實**。如果我們學會接受了，就更有機會「繼往開來」，承接休謨、史密斯以及與他們同時代的哲人手中的火炬，更樂觀、更有信心地探究這個世界的真理，我們相信能把這個真理找出來，不管它是什麼樣子。我們已經迷惑了很多年，或許永遠找不到真理，不過至少我們可以擁抱一個值得佩服的觀點，就像德國劇作家萊辛（Gotthold Lessing）在一七七八年所寫的：

人之所以有價值，並不在於他擁有多少真理，或認為自己代表多少真理，而是在於他為了追求真理所做的努力。因為真正讓人的力量向外延伸的，不是靠擁有真理，而是靠探究真理，單靠這一點，人就可以漸臻完美。

9　未來是可預期的

誌謝

在這本書的寫作過程中，我受到許多人的協助。我的素材來自許多研究人員精采的研究與想法，我必須謝謝他們，同時我也鼓勵讀者把原始資料找來讀，因為這些資料絕對比我幾句話帶過的敘述來得內容豐富。

Garamond代理公司的Kerry Nugent Wells以及她的同事Lisa Adams與David Miller功不可沒，沒有他們的努力協助，這本書可能就沒有這麼焦點清楚的中心想法和立論。

最後，當然要感謝我的妻子Kate，在寫作期間的這麼多個月以來，對我無盡的包容與鼓勵，同時，Kate還把整本書讀了許多次（多到數不清），修正了很多錯誤，讓內容的呈現更為完美。

附注

前言：找出隱藏的邏輯

1 謝林的種族隔離論文，就登在第一期的《數理社會學期刊》（*Journal of Mathematical Sociology*, 1, p.143-186(1971)）。當然，論文裡的模型並沒有證明，真實社會裡的種族隔離現象和種族歧視心態無關。種族歧視很可能也是一項因素，但這個模型告訴我們，在看到種族隔離現象時，不能推論一定是種族歧視造成的。

最令人震驚的是，它證明了其他的隱藏因素，也可能造成同樣的結果，而研究隔離現象的任何一門科學，最好要正視這項事實。謝林後來在《微觀動機與巨觀行為》（*Micromotives and Macrobehavior*, W.W. Norton, London & New York, 1978）這本書上，更深入地討論了這個想法。

2 反諷的是，在我寫這本書的同一年（二〇〇五年），謝林獲頒諾貝爾經濟學獎。如果你想了解謝林的理念（和大部分主流經濟學家的思考方式大異其趣），我極力推薦他的得獎演說，影片可以上網下載：https://www.nobelprize.org/prizes/economic-sciences/2005/schelling/lecture/。講稿的內容也可以上網取得：https://www.nobelprize.org/uploads/2018/06/schelling-lecture.pdf。

第1章　重要的是模式，不是人

1 見Peter Maass, *Love Thy Neighbor* (New York: Knopf, 1996)。

2 見Sebastian Haffner, *Defying Hitler* (London: Weidenfeld & Nicolson, 2003)；中文版於二〇〇五年由左岸出版。

3 有一篇精采的訪談，可上網看：http://www.edge.org/3rd_culture/zimbardo05/zimbardo05_index.html。

4 見M.A. Kessler and B.T. Werner的論文"Self-Organization of Sorted Patterned Ground," Science 299 (2003): 380-83。

5 見原始論文：D. Helbing, I. Farkas, and T. Vicsek, Physical Review Letters 84 (2000): 1240-43。

6 見原始論文：D. Helbing, I. Farkas, and T. Vicsek, *Nature* 407 (2000): 487-90。

7 舉例來說，《社會學理論》（*Sociological Theory*）期刊的前編輯卡爾霍恩（Craig Calhoun），就談到自己常常接到的各種投稿，這些論文雖然比那些後現代的論述來得高明，但仍缺乏冒險的精神。他回憶說，這些文章都是在「總結作古的人說過的話，既沒有說明為什麼我們這些活人要管他們說什麼，也沒有指出這些前輩的論述對當代的分析研究有何幫助」。更糟糕的是「針對其他人闡釋已作古的人的論述，所提出的批評，除了看得出那些被批評的人頗有名氣之外，一點也看不出這與我們何干。」

關於這點的進一步討論，可參閱Peter Hedström的《*Dissecting the Social*》（New York: Cambridge

University Press, 2005）。對任何一門科學而言，這顯然都不是令人鼓舞的跡象。過去應該只是個跳板，讓我們藉以進入更美好的未來。正如英國哲學家懷海德（Alfred N. Whitehead）曾指出的：「遲遲不肯把開創者忘掉的科學，是會陷入迷失的。」

第2章　為什麼個人的行為無法預測？

1 見William Stern, "The Unexpected Lessons of Times Square's Comeback," *City Journal*, Autumn 1999。或參閱http://www.city-journal.org/html/9_4_the_unexpected.html。

2 見Pierre Gassendi, Tycho Brahe:*The Man and His Work* (1654)（原著以拉丁文寫成）。

3 原則上，如果火星和地球的軌道剛好在同一個平面上，火星的運動軌跡仍會是劃過天空的一條曲線，不會是個環。逆行軌跡的精確細節，進一步反映出行星運動的複雜性，尤其是反映出地球和火星的軌道所在平面的微小差異。

4 該領域做出的最精確計算，部分來自康乃爾大學的Toichiro Kinoshita教授。他的同事在網站上提供了詳盡的描述：http://www.lassp.cornell.edu/sethna/Cracks/QED.html。

5 我說「大體上」，是因為很多社會科學家都在找尋社會變數之間的統計相關性，正如我在第一章提過的，而這與克卜勒尋找行星運動中的模式，有幾分像。只不過，他們發現的各種相關性，基本上缺乏普遍的特質，也不像克卜勒找出的模式那樣單純。然而更重要的是，傳統上社會科學家在找到相關性之後，不會再根據簡單的機制做出有說服力的解釋。在社會科學研究上，似乎不容易找出一個像第谷、克卜勒與牛頓共同樹立出來的研究典範。

6 見Henry Thomas Buckle, *History of Civilization in England* (London: 1857), 1: 6-7。

7 見《金融時報》的文章：John Kay, "Cracks in the Crystal Ball," *Financial Times*, September 29, 1995。

8 見Edward Hallett Carr, *What Is History?* (New York: Penguin, 1990), 14。

9 我覺得這個觀點相當荒謬，幸好那些很想了解社會動力的學者對此也頗不以為然。

10 語出杜斯妥也夫斯基的《地下室手記》(*Notes from Underground*, New York: Dover Books, 1992)。

11 語出Karl Popper, *The Poverty of Historicism* (London: ARK Publishing, 1957)。

第3章　我們是摩登原始人

1 語出Isaiah Berlin, *Concepts and Categories* (New York: Pimlico, 1999), 159。

2 這個解釋是兩年前由康乃爾大學的數學家史楚蓋茲（Steve Strogatz）和他同事提出的（見*Nature* 438 (2005), 43-44），他們發現這個事件的基本特性，可以用物理學家拿來描述數百萬個電子裝置集體振盪，或描述田裡蟋蟀同步發出唧唧聲所用的方程式來解釋，都是透過回饋和自我組織而產生的結果。但是，整個事件可能並不是這麼簡單。

儘管我們幾乎可以肯定，是行人的步調和橋之間的某種回饋機制造成了橋的振盪，然而正如史楚蓋茲所說的，「在行人和橋的互相作用之間，還有許多未解的謎」。後來，倫敦市政府在千禧橋上，裝置了很多巨型的制動器，使橋保持穩定。

3 探討「混沌」的經典暢銷之作，仍然是葛雷易克（James Gleick）的《混沌》（*Chaos*, New York: Penguin, 1987，中文版由天下文化出版）。

4 見Francis Galton, *The Art of Travel* (London: Weidenfeld & Nicolson, 2000)。

5 見Gary Becker於一九九二年的諾貝爾演講。

6 現代經濟學理論，以及此理論對理性的幾近推崇，已經招致這個學界裡外許多思想家毫不留情的批評。相關的著述很多，在此僅舉出幾個例子：Richard Thaler的《*Winner's Curse*》（Princeton: Princeton University Press, 1992），提供了豐富的經驗證據，說明一般人和他們的行為會偏離理性理想；Paul Ormerod的《*Death of Economics*》（London: Faber and Faber, 1994）則對整個傳統經濟學，有令人印象深刻的批評；Robert Solow的文章〈How Did Economics Get That Way and What Way Did It Get?〉（收錄於*American Academic Culture in Transformation*, Princeton: Princeton University Press, 1997），就我看來，他是比較樂觀的，一方面讚揚經濟學家為真實世界運作建構出簡單的模型，一方面也批判他們過度沉迷於個體完全理性的假設。

對於現代經濟理論批評得最厲害的，可能是Robert Nelson的《*Economics as Religion*》（University Park: Pennsylvania State University Press, 2001），作者認為理性假設，以及現代經濟學大部分的數學理論架構，事實上是根植於冷戰期間的意識型態鬥爭，深植於馬克思主義的「科學」和證明自由市場優勢的「科學」，兩者間的對抗。

不過到今天，這種爭論越來越沒意思了，因為已經有更有效率的社會科學研究方法。現在經濟學理論正朝向越來越符合實際的方向發展，對此，如果想知道更具煽動性的觀點，可參閱Richard Thaler, "From Homo Economicus to Homo Sapiens," *Journal of Economic Perspectives* 14 (2000): 133-41。

7 見Robert Axelrod, "Advancing the art of simulation in the social sciences," in Simulating Social Phenomena, ed. Rosaria Conte, Rainer Hegselmann, and Pietro Terna (Berlin:Springer,1997), 21-40。

愛梭羅德之所以下這個結論，可能來自他在學生時代聽過的一場經濟學講座。他回憶說：「我清楚記得，有一回一位教授（後來的諾貝爾獎得主）來講了一個消費者行為模型。有學生問他：『但這不是一般人的行為呀！』教授只回了一句：『你說對了。』接著轉身在黑板上繼續講解那個模型。我們都聽懂了。」

8 見Thaler, "From Homo Economicus"。

9 在以下這本書裡，對於非理性投資人如何打敗理性投資人，有精采的討論：Andrei Shleifer, *Inefficient Markets* (Oxford: Oxford University Press, 2000)。

10 如果你對於康納曼及其他人在這個領域的研究，想有個初步的了解，康納曼在二〇〇二年的諾貝爾獎演講，是個深入淺出的入門；可上網參閱：http://nobelprize.org/nobel_prizes/economics/laureates/2002/kahneman-lecture.html。

11 吉格倫澤在自己的書中還討論了許多類似的難題；見Gerd Gigerenzer, *Reckoning with Risk* (London: Penguin, 2002)。

12 這個生動的說法出自柯斯麥笛斯（Lada Cosmides）和圖比（John Tooby）的*Evolutionary Psychology: A Primer*。

13 見M.K.Chen, V. Lakshminarayanan, and L.Santos, Journal of Political Economy。欲進一步了解人類的損失趨避行為，可參考康納曼的諾貝爾演講內容。

14 見Benjamin Libet, *Behavioural and Brain Sciences* 8 (1985)。

15 見Francis Fukayama, *Trust* (New York: Simon and Schuster, 1995)；中文版《信任》由立緒文化出版。

第4章　洞悉市場的走向

1 語出Brian Arthur, "Inductive Reasoning and Bounded Rationality," *American Economic Review* 84, no. 2（美國經濟學協會第一百零六屆年會年報）(May 1994): 406-11。

2 衍生性金融商品的價格該怎麼定，有一本很好的入門書：Paul Wilmott, Sam Howison, and Jeff Dewynne, *The Mathematics of Financial Derivatives* (Cambridge: Cambridge University Press, 1995)。這個領域有個很漂亮而又令人驚訝的特質，就是它和描述熱量流動的數學物理學有很深的關連；兩個領域牽涉到的方程式，有相同的基本特性。莫頓和修斯的諾貝爾演講，可在網站上找到：

http://nobelprize.org/nobel_prizes/economics/laureates/1997/press.html。

3 LTCM公司的事件始末，可參閱Nicholas Dunbar, Inventing Money (Chichester: John Wiley & Sons, 2000)。

4 鐘形曲線的應用之所以能如此廣泛，是根據「中央極限定理」（Central Limit Theorem）的結果。「中央極限定理」這個響亮的名詞，其實是指下面這件事：只要某個事件的結果，是受到大量獨立因素的影響，那麼該事件的結果就會落在鐘形曲線上。

舉例來說，如果我們擲一粒骰子一百次，並把它的點數加起來，然後我們重複做幾次同樣的事，而且把得到的結果畫出來。你一定會發現，畫出來的總點數分布情況很接近鐘形曲線，平均值會出現在350附近。這種結果是相當確定的，因為這一百次的投擲，和另一百次之間是完全無關的獨立事件。中央極限定理是威力強大的數學定理，但這並不表示每件事都必定遵守鐘形曲線。

5 從我的陳述裡，不太容易得到這個結論，不過可以從更技術性的論述推論出來。典型的推論是這樣的：會影響股票價格的許多因素，基本上是獨立的，假設有個因素把股價往上抬，並不表示別的因素也會使股價上漲而不是下跌。如果這些因素之間並沒有什麼關係或關連，那麼根據數學上的中央極限定理，股票價格整體變動的分布，就應該落在鐘形曲線上。

6 見Benoit Mandelbrot, Journal of Business 36 (1963): 294。

7 見P. Gopikrishnan, M. Meyer, L. A. N. Amaral, and H. E. Stanley, *European Physical Journal* B 3 (1998): 139。

8 見R. N. Mantegna, "Levy walks and enhanced diffusion in the Milan stock exchange," *Physica* A 179 (1991): 232。

9 見O. V. Pictet et al., "Statistical study of foreign exchange rates, empirical evidence of a price change scaling law and intraday analysis," *Journal of Banking and Finance* 14 (1995): 1189-1208。

10 見D. Cutler, J. Poterba, and L. Summers, *Review of Economic Studies* 58 (1991): 529-46。

11 有一點很重要，必須特別指出，就是亞瑟的酒吧模型的行為，其實和人數或人數上限並沒有絕對的關係。如果假定酒吧裡有四十九人時你覺得十分愉悅，但是再多兩個人，變成五十一人，你就嫌擁擠，做這樣的人數上限設定，顯然是不切實際的。亞瑟這麼做，只是為了簡化問題。用更合實情的假設去模擬，得到的結果也類似。

12 見W. B. Arthur, J. Holland, B. LeBaron, R. Palmer, and P. Tayler, "Asset pricing under endogenous expectations in an artificial stock market," in *The Economy as an Evolving Complex System* II, ed. W. B. Arthur, S. Durlauf, and D. Lane (Reading, MA:Addison-Wesley, 1997), 15-44。

13 目前有很多不同的模型在發展，這些模型或多或少都把市場視為一群「目標導向」的行為者來處理，這些行為者會經由學習，改變自己的策略，以適應環境。

這種不同於「理性行為者」的觀點，似乎是將來研究的主流。在這方面，具有代表性的研究成果有：T. Lux and M. Marchesi, Nature 397 (1999):498-500，以及D. Challet, A. Chessa, M. Marsili, and Y.-C. Zhang, *Journal of Quantitative Finance* 1 (2001): 168。最新的評論是T. Galla, G. Mosetti, and

Y.-C. Zhang, "Anomalous fluctuations in Minority Games and related multi-agent models of financial markets," http://www.arxiv.org/pdf/physics/0608091。

14 語出Milton Friedman, *Essays in Positive Economics* (Chicago: University of Chicago Press, 1953), 14。

15 看到某人賺錢時，大部分的人會把原因歸給當事人的炒作技巧，而不會認為是別的原因。縱然如此，所有的共同基金當中，總有一檔是每年的冠軍，即使全憑運氣。學術研究顯示，市場價格的漲跌本質上是不可預測的，但有少數幾個（而且通常是短暫的）例外，例如所謂的「元月效應」——過去幾年間，股價很容易在一月間上漲。然而在眾所周知之後，這個效應就消失了。相關的討論，可參閱Andrei Shleifer, *Inefficient Markets* (Oxford: Oxford University Press, 2000)。

16 見John Kenneth Galbraith, *A History of Economics* (London: Penguin, 1987), 4。

17 見N. Gupta, R. Hauser, and N. F. Johnson, "Using artificial markets to forecast financial time-series"，可在網路上取得預刊本：http://www.arxiv.org/pdf/physics/0506134。

18 我自己寫過一篇相關的文章："Supermodels to the rescue," *strategy + business* 38 (2004)。

第5章　企鵝法則

1 關於這個事件的描述，可參閱Robert Bartholomew and Simon Wessely, "Epidemic hysteria in Virginia," *Southern Medical Journal* 92 (1999): 762-69。

2 描寫這類熱潮的經典之作，要屬Charles Mackay的《*Extraordinary Popular Delusions and the Madness of Crowds*》(New York:Three Rivers Press, 1980)，這本書初版於一八四一年。

3 鑲嵌（embeddedness）一詞，在社會學理論裡有某種特殊的地位。社會學家格蘭諾維特在一九八五年發表了一篇很有影響力的論文，就談到「鑲嵌」（"Economic Action and Social Structure: The Problem of Embeddedness", American Journal of Sociology 91, 485-510 (1985)）。

格蘭諾維特提到一個大部分人都能接受的論點，這個論點卻和當時經濟學所持的看法互相衝突——個體或公司的行為，會受到和他們有互動的人或公司的影響。這是個激進的想法，不管各位相不相信。

格蘭諾維特的想法，是受到先前博蘭尼（Karl Polanyi）的著作的啟發：博蘭尼認為，「人類的經濟是嵌入並且附屬於機構的，包括經濟機構及非經濟機構。把非經濟機構納入考量，是很重要的；對於經濟結構與經濟運作，宗教或政府的重要性，就如同貨幣機構或有沒有能讓我們節省勞力的工具機器可用一樣。」（K. Polanyi, C. Arensberg, and H. Pearson, eds., *Trade and Market in the Early Empires: Economies in History and Theory* (Chicago: Henry Regnery, 1957)）。

4 見Solomon Asch, "Studies of independence and conformity: A minority of one against a unanimous majority," *Psychological Monographs* 70 (1956)。實驗的過程，可在網路上看到：http://www.age-of-the-sage.org/psychology/social/asch_conformity.html。

5 見Solomon Asch, "Opinions and social pressure," *Scientific American* 193 (1955): 33-35。有一個針對

一九五〇年代以來進行過的一百三十三個類似實驗所做的回顧，顯示在過去五十年間，這種社會從眾傾向不知何故變得越來越不明顯了。見 Rod Bond and Peter Smith, *Psychological Bulletin* 119 (1996): 111-37。

6 見 G. S. Burns et al., *Biological Psychiatry* 58 (2005): 245-53。

7 參閱 Christophe Chamley, *Rational Herds* (Cambridge: Cambridge University Press, 2004)。

8 參閱 Bikhchandani, Hirshleifer, and Welch, "Learning from the behavior," 151-70。

9 參閱 Edward Glaeser, Bruce Sacerdote, and Jose Schienkman, "Crime and Social Interactions," *Quarterly Journal of Economics* 111 (1996): 507-48。

10 參閱 Mark Granovetter, "Threshold Models of Collective Behavior," *American Journal of Sociology* 83 (1978): 1420-43。

11 參閱 Q. Michard and J.-P. Bouchaud, "Theory of collective opinion shifts: From smooth trends to abrupt swings," *European Physical Journal* B 47 (2005): 151-59。

第 6 章　合作是上策

1 湯普生的親身經驗：https://tsunami-information.weebly.com/john-thompson-survivior-of-the-2004-tsunami.html。

2 見 Joseph Alexander, *Utmost Savagery* (New York: Random House, 1995)。

3 這個觀念稱為「親屬選擇」（kin selection），最先提出的人是已故的英國生物學家漢彌敦（William Hamilton, 1936-2000）；原始論文是"The genetical evolution of social behavior. I, II," *Journal of Theoretical Biology* 7 (1964): 1-16, 17-52。另外還可參考道金斯（Richard Dawkins）的書：*The Extended Phenotype* (Oxford: Oxford University Press, 1982)。

4 見 Robert Frank, Passions Within Reason: *The Strategic Role of the Emotions* (New York:W.W. Norton, 1991)。

5 見 David Hume, *A Treatise of Human Nature*, ed. L. A. Selby-Bigge and P. H. Nidditch (Oxford: Clarendon Press, 1975)。

6 兩個農夫的故事，可說是著名的「囚犯困境」（Prisoner's Dilemma）的翻版。這個有名的困境，是弗拉德（Merrill Flood）和德瑞雪（Melvin Dresher）兩人在一九五〇年代，為了探討競爭情況下的策略行為邏輯所創的假想情境。在原始情境裡，囚犯被隔離詢問，他們可以都認罪或保持沉默；如果兩人都保持沉默，會獲判比較短的刑期（獲判比較輕的罪），如果都認罪，會判中等的刑期（為了獎勵他們的合作態度，而縮短一點刑期）。對犯人來說，保持沉默顯然是最好的策略。但是，警察提供每個犯人一項交易：如果出賣自己的同伴，並且願意出庭作證的話，可以無罪開釋。當然，那個被出賣的同伴就會得到很長的刑期。現在，囚犯面對的情況就很詭譎了；如果他們能互相信任，依然保持沉默，兩人都會得到較輕的罪刑，但他們又都受到告密的誘惑，想讓同伴關很久而自己在外逍遙。

賽局理論指出，在這種情況下，出賣同伴是最好或最多人用的策略；意思就是，不管同伴的做法是什麼，出賣都比合作（保持沉默）更好。如果同伴認罪，你認罪只為自己招來中等的刑期，而不是很長的刑期；如果他保持沉默，你的認罪就能為自己開釋。因此，在這種情境下，（理性的）人們可能都會出賣（認罪），這對他們當然都很不幸，因為他們的不能合作，會給雙方帶來中等的刑期，而不是更短的。

關於囚犯困境的故事和首先探討其中邏輯的科學家，可參考*William Poundstone, Prisoner's Dilemma* (New York: Random House, 1992)（中文版《囚犯的兩難》由左岸文化出版）。囚犯困境（和相關的賽局）在美蘇冷戰期間的戰略分析中，扮演很重要的角色。幸運的是，政治人物並沒有一直留意從這些理性分析中透露的結果；一九五〇年代早期，身為賽局理論創始人之一的數學家馮諾伊曼（John Von Neumann）就曾主張，美方唯一能採取的理性途徑就是先對蘇聯發動全面的核武攻擊，不需正當理由。

7 互惠利他（reciprocal altruism）的觀念，是在一九七一年由社會生物學家崔弗斯（Robert Trivers）提出來的（見"The evolution of reciprocal altruism," *Quarterly Review of Biology* 46 (1971): 35-57）。互惠利他的邏輯，仍是今天的研究人員繼續探討的議題。我們可以把它想成雙方在玩囚犯困境的賽局，但不是玩一次而是很多次。

事實上，如果雙方都絕對理性，那他們是學不會合作的，至少在次數有限的回合裡不會合作。原因是這樣的。假設他們交手一百回合，理性的人會先想到最後一回合的情形；在第一百回合，由於不再後會有期，因此雙方都沒有下次再合作的誘因，所以在最後一次交手時，他們會很理性、很明智地選擇欺騙。因此，兩個理性的玩家在最後一回合選擇欺騙，是預設的結論。那麼，第九十九次交手時呢？由於第一百次交手時的結果已經設定好了，那麼第九十九回合的結果也沒什麼好「喬」的，當然也是欺騙了。

照這樣推論下來，依照邏輯，兩個理性的玩家會從後往前推論到一開始，會決定永遠不合作。不幸的是，他們的下場會比沒有想那麼多的人悽慘許多。很幸運而不令人意外的是，真實世界中的人不會以這樣的方式來因應囚犯困境。一九五〇年代早期的研究發現，即使在交手次數固定的賽局裡，玩家也很快就學到合作是上策。

關於互惠利他行為的邏輯，最迷人的研究也許要屬密西根大學的政治科學家愛梭羅德（Robert Axelrod）在一九八〇年代所做的研究了。愛梭羅德設定了一項比賽，讓很多持不同信念的科學家，針對反覆式「囚犯困境」的進行，提出邏輯策略。每個策略都必須說清楚，玩家在下一回合要合作還是要欺騙，判定的依據是對手在這一回合的表現。研究人員提出了許多玩賽局的複雜演算法，但真正能贏得比賽的，卻是其中一個最簡單的策略。

這個策略就是「以其人之道還治其人之身」：你在第一回合的時候合作，接下來每一回合，就採取對手在前一回合的做法——如果對方合作，你就合作，如果對方欺騙，你就欺騙。這個策略是在獎勵合作而懲罰欺騙。正如愛梭羅德說的：「『針鋒相對』策略勝出的原因是，它結合了釋放善意、報復、原諒和明確。釋出善意，可避免陷入不必要的麻煩；採取報復，使對方不會一直想要欺騙；它的原諒，使雙方能重建合作關係；它的明確，使對方能了解自己的意圖，因此引發了長期的合作關係。」可參閱Robert Axelrod: *The Evolution of Cooperation* (New York: Basic Books, 1985)。

8 引述自Robert Axelrod, *The Evolution of Cooperation* (New York: Basic Books, 1985)。

9 可進一步參閱Leda Cosmides and John Tooby, *Evolutionary Psychology*: A Primer；可在線上瀏覽：https://www.cep.ucsb.edu/primer.html。

10 見Joseph Henrich et al., "In Search of Homo Economicus: Behavioral Experiments in 15 Small-Scale Societies," *American Economic Review* 91 (2001): 73-78。

11 近年來研究人員已經實驗過許多類似的賽局，版本五花八門。想了解概況的讀者，可參閱Ernst Fehr and Urs Fischbacher, "The Nature of Human Altruism," *Nature* 425 (2003): 785-91。

12 見Robert Frank, Thomas Gilovich, and Dennis Regan, "Does Studying Economics Inhibit Cooperation?" *Journal of Economic Perspectives* 7 (1993): 159-71，以及Robert Frank, Thomas Gilovich, and Dennis Regan, "Do Economists Make Bad Citizens?" *Journal of Economic Perspectives* 10 (1996): 187-92。

13 對循環式「囚犯困境」玩家的腦部活動所做的相關研究，可參考James Rilling et al., "A neural basis for social cooperation," *Neuron* 35 (2002): 395-405。

14 見Dominique J.-F. de Quervain et al., "The Neural Basis of Altruistic Punishment," *Science* 305 (2004):

254-58。

15 “Accessing Technology Transfer,” 1966 NASA report SP5067, p. 9-10。

16 Ernst Fehr and Joseph Henrich, “Is Strong Reciprocity a Maladaptation?” in *The Genetic and Cultural Evolution of Cooperation*, ed. P. Hammerstein (Cambridge: MIT Press, 2005)。

17 Garrett Hardin, “The Tragedy of the Commons,” *Science* 162 (1968): 1243-48。可在線上瀏覽：http://dieoff.com/page95.htm。

18 見Fehr and Fischbacher, “Nature of Human Altruism,” 785-91。

19 Ernst Fehr and Simon Gachter, “Altruistic Punishment in Humans,” *Nature* 415 (2002): 137-40。

20 Reay Tannahill, ed., *Paris in the Revolution* (London: The Folio Society, 1966)。

21 傳統經濟學家認為，員工的表現在有制裁威脅的時候會提升。費爾的研究團隊卻從實驗中發現，制裁有時反而會得到反效果，因為員工覺得自己受到不公平的對待。動物訓練師很早以前就學到了，獎勵比處罰更有效。不過，這並不表示制裁是沒有用的；有些時候，制裁可能有用，但最好的辦法是備而不用。

從進一步的實驗裡，費爾和同事發現，當處罰的可能性存在（例如在契約裡明文規定），但管理階層非常少或幾乎沒有用到，在這種情況下員工的表現最好。員工會把沒有使用處罰條款當成一種合作的行動，而心存感激，增加工作效率，甚至比沒有處罰可能性的成效更好。

第7章　為何人喜歡劃分敵我？

1 鮑爾寫了一本內容豐富、但題材令人痛心的書，《來自地獄的問題：在種族滅絕年代的美國》〔*A Problem from Hell: America in the Age of Genocide* (New York: Basic Books, 2002)〕；正如她在這本書所述，所有國家的人民，特別是美國人，對於上個世紀發生的種族滅絕式的衝突，反應都是冷漠而不作為的。面對書中壓倒性的可信證據，記錄暴行的照片與影片，堆屍如山的墓園及萬人塚，絕大部分的政客、媒體工作者和一般人的反應總是慢半拍，好像這些都不可能是真的。

2 見 Friedrich von Hayek, *The Road to Serfdom* (London: Routledge, 1944)。

3 謝里夫的經典研究，可在線上瀏覽：http://psychclassics.yorku.ca/Sherif/。

4 見《紐約時報》二〇〇六年五月三日的報導："Pardons Granted 88 Years After Crimes of Sedition"。

5 當然，也可能有其他較為複雜的策略。例如，黃色的人可能決定與綠色和藍色的人合作，而不和紅色與其他黃色的人合作。我們忽略掉這些策略，使模型保持簡單些。把這些策略也列進來，對結果的影響不大。

6 在電腦模擬研究裡，愛梭羅德和哈蒙其實並未把學習納入模型，只是假設那些表現得很好（與別人的互動非常成功）的人，會比那些不成功的人容易有更多的後代。這使得有同樣特徵（包括顏色與策略）的人數會增加。但正如他們提到的，這和人數固定、並讓每個人學習那些成功者的策略，是類似的；兩者有同樣的機制，使有效的策略逐漸取代掉無效的策略。

7 見Ross Hammond and Robert Axelrod, "The Evolution of Ethnocentrism"，可在線上瀏覽：https://journals.sagepub.com/doi/10.1177/0022002706293470。

8 可參閱Peter J. Richerson and Robert Boyd, *Not By Genes Alone: How Culture Transformed Human Evolution* (Chicago: University of Chicago Press, 2004)，或Richard McElreath, Robert Boyd, and Peter J. Richerson, "Shared norms and the evolution of ethnic markers," *Current Anthropology* 44 (2003): 122-29。

9 見莎曼莎・鮑爾的《來自地獄的問題》（*Problem from Hell*）。

10 單獨一個原子的作用力很微小，但一小塊鐵上的所有原子（數目差不多是1後面加24個0）加總起來的作用力，就相當可觀了。

第8章　為什麼有錢人越來越有錢？

1 美國歷史學家福塞爾（Paul Fussell）在他的書《*Wartime*》（Oxford: Oxford University Press, 1989）中提出這個例子，探討戰時的謠言及其他各種心理工具，對於撫平士兵和平民的恐懼與不確定感，所扮演的輔助角色。

2 見Donna Kossy, Kooks: *A Guide to the Outer Limits of Human Belief* (Los Angeles: Feral House, 1994)。

3 可參閱Edward Wolff, "Changes in Household Wealth in the 1980s and 1990s in the U.S," *Working Paper* No. 407, The Levy Economics Institute，見www.levy.org。

4 參閱J. Flemming and J. Micklewright, "Income Distribution, Economic Systems and Transition," *Innocenti Occasional Papers, Economic and Social Policy Series* No. 70 (Florence: UNICEF International Child Development Centre, 1999)。或參閱Michael Alexeev, "The Effect of Privatization on Wealth Distribution in Russia," *Working Paper* No. 86 (The William Davidson Institute, 1998)。

5 見John Kenneth Galbraith, *A History of Economics* (London: Penguin, 1991)。

6 有很多走傳統路線的經濟學模型，也企圖解釋財富分配不均的現象，這些模型通常都需要同時考量許多複雜的因素。例如，有篇論文開宗明義就提出，諸如「所得的改變，包括公司所有權、高價資產的較高報酬率、隨機的資本獲利、政府保證最低消費水準的計畫，以及健康與婚姻狀態的改變」等等，都應該充分陳述。參閱V. Quadrini and J. V. Rios-Rull, "Understanding the U.S. Distribution of Wealth," *Federal Reserve Bank of Minneapolis Quarterly Review* 21 (1997): 22-36。

7 參閱Jean-Philippe Bouchaud and Marc Mezard, "Wealth condensation in a simple model of economy," *Physica* A 282 (2000): 536。

8 要特別澄清一下，這裡並不是說個人的聰明才智與努力完全沒有意義，而只是要說，運氣似乎是主要的因素。事實上，經濟學家早就猜測運氣扮演了重要的角色。例如，哈佛大學的詹克斯（Christopher Jencks）和他同事在很久以前就辯稱，成長環境類似的親兄弟之間的所得差距，和全體國民之間的所得差距，兩者並沒有多大差別。見Christopher Jencks, *Inequality* (New York: Basic Books, 1972)。

9 參閱M. Simkin and V. Roychowdhury, "Theory of aces: high score by skill or luck?"，可上網瀏覽：http://www.arxiv.org/pdf/physics/0607109。美國在二次大戰時進行曼哈坦原子彈研發計畫（Manhattan Project）期間，物理學家費米（Enrico Fermi）也曾向格羅夫斯（Leslie Groves）將軍提出同樣的論點。費米問格羅夫斯，他認為「偉大的將領」的定義是什麼，格羅夫斯回答，如果連續五場戰役都獲勝，就可以算是偉大的將領了。

接著費米又問：「這種偉大的將領有多少呢？」格羅夫斯回答，每一百人之中大約有三人。費米指出，如果將領打贏戰役是全憑運氣的話，那麼每三十二次就有一次機會可以連贏五場。所以，在一百位將領當中，大約有三位可以連續打贏五場。因此費米認為，偉大的將領靠的是運氣，而不是戰術。

10 現在已經有其他研究人員把這個初始研究往前又推了一步。特別是已經有研究顯示，稍微複雜一些的模型，可以解釋整體的財富分配情況，而不只有富裕的部分的分布狀況。見Nicola Scafetta, Bruce West, and Sergio Picozzi, "A trade-investment model for distribution of wealth," *Physica* D 193 (2004): 338-52。

11 從數字來看，它的意思就是，每當你把集水量加倍，就會發現有這種水流的支流的數目，大約減少為原先的2.7分之一；如果集水區達一千平方公里的河流有一百條，那麼集水區達二千平方公里的河流，就只剩下三十七條了，依此類推。可參閱Ignacio Rodriguez-Iturbe and Andrea Rinaldo, *Fractal River Basins* (Cambridge: Cambridge University Press, 1997)。

12 我在兩本舊作中，也寫過自然界裡常見的冪次律模式；這兩本書分別是《*Ubiquity*》（London: Weidenfeld & Nicolson, 2000，中文版《改變世界的簡單法則》由究竟出版）以及《*Nexus*》（New York: W. W. Norton, 2002，中文版《連結》由天下文化出版）。

13 參閱 G. Caldarelli et al., *European Physical Journal* B 38 (2004):387-91。

14 可參閱《紐約時報》二〇〇一年五月三日的報導：Hal Varian, "In the debate over tax policy, the power of luck shouldn't be overlooked"。

15 見 Robert Axtell, "Zipf Distribution of U.S. Firm Sizes," *Science* 293 (2001): 1818-20。

16 這最初是由一位經濟學家與一群物理學家共同發現的。見 Michael Stanley et al., "Scaling Behavior in the Growth of Companies," *Nature* 379 (1996): 804-6。

17 傳統經濟學不切實際的架構中的第三根支柱，就是平衡概念。如果經濟學理論把每個人看成絕對理性而貪婪的，那麼在群體的層次上，表現出來的結果就是在各種力量中取得平衡。經濟學理論的標準成形過程是：先假設不同的行為者在某種情況下尋求的是什麼，接著再弄懂這些行為者在彼此目標衝突的情況下，如何透過某種市場機制，相互影響，產生出一種靜態的「平衡」。這種平衡，正是經濟學家想要去了解和描繪的。可惜的是，這種相當侷限的觀點有效地排除了變化及演進的考量因素，也排除了系統要達到平衡必須經過的動力學。更糟糕的是，很多學者忽略了最初所假設的，必須有一種平衡狀態，使得這類經濟分析完全不能理解那些還沒有穩定下來、各種力量從未停止或取得平衡的狀態。這可能就是為什麼那些依據亞瑟「艾法洛酒吧」賽局所設計出來的市場模型，能有效描述真實市場的關鍵因素。這些模型提供了一種自然的「不平衡」模型，然而正統經濟學家卻堅持想把真實市場的運作，強行套入平衡的框架裡。

18 見Robert Axtell, "The Emergence of Firms in a Population of Agents," *Technical Report CSED, Working Paper* No. 3 (Brookings Institution, 2001)。

第9章　未來是可預期的

1 諾頓（Rob Norton）在一篇文章中討論到這個例子：http://www.econlib.org/library/Enc/UnintendedConsequences.html。

2 見Robert K. Merton, "The Unanticipated Consequences of Purposive Social Action," *American Sociological Review* 1,no. 6 (December 1936): 894-904。

3 見Alex Marshall, "Crash and Burn," *Salon*, April 16, 2005。可在線上瀏覽：https://www.salon.com/2005/04/16/airline_woes/。

4 見David Hume, *An Enquiry Concerning Human Understanding* (Boston: P. F. Collier & Son, 1910)，這本書初版於一七四八年。

5 見Jerry Muller, *Adam Smith in His Time and Ours* (Princeton: Princeton University Press, 1995)。

6 很多研究都顯示，從一九八〇年代初開始，全世界的貧富不均有越來越嚴重的態勢，不但在開發中國家是如此，如阿根廷、中國、巴基斯坦和南非，連一些工業化國家也不例外，如澳洲、芬蘭、英國和美國。根據紐約大學經濟學家沃爾夫（Edward Wolff）的詳細研究，美國的貧富差距從一九二九年一路緩慢降低到一九七〇年代中期，但從一九七〇年代中期又開始擴大，到現在幾乎已經加倍了。

現在最富裕的百分之一的家庭，年收入為以前的兩倍，而最貧窮的百分之十的美國家庭，生活水準甚至低於上一代。根據聯邦儲備理事會對消費者財務狀況所做的最新調查顯示，在一九九八年，最富裕的百分之一的家庭，擁有全國百分之十八的財富，而頂端的百分之五卻擁有全國超過一半的財富。美國貧富不均的情況，實際上是所有先進工業國家裡最嚴重的。

7 見Giovanni Cornia and Julius Court, "Inequality, Growth and Poverty in the Era of Liberalization and Globalization" (World Institute for Development Economics Research, 2001)。

8 見John Gray, *Straw Dogs* (London: Granta, 2002)。

9 見Peter Turchin, *War & Peace & War* (New York: Pi Press, 2005)。

10 見Edward Glaeser, Jose Scheinkman, and Andrei Shleifer, "The Injustice of Inequality," *Journal of Monetary Economics* 50 (2003): 199-222。

11 見Robert Laughlin, *A Different Universe* (New York: Basic Books, 2005)。

12 見Sam Harris, *The End of Faith* (New York: W. W. Norton, 2004)。

國家圖書館出版品預行編目(CIP)資料

隱藏的邏輯：掌握群眾行為的不敗公式/布侃南(Mark Buchanan)作；葉偉文譯. -- 第二版. -- 臺北市：遠見天下文化出版股份有限公司, 2021.09
面；　公分. -- (科學文化；126A)
譯自：The social atom : why the rich get richer, cheaters get caught,and your neighbor usually looks like you.

ISBN 978-986-525-293-9(平裝)

1.社會心理學 2.環境心理學 3.人類生態學

541.77　　110014734

科學文化 126A

隱藏的邏輯

掌握群眾行為的不敗公式

The Social Atom:
Why the Rich Get Richer, Cheaters Get Caught, and Your Neighbor Usually Looks Like You

作者 — 布侃南（Mark Buchanan）
譯者 — 葉偉文
科學叢書策劃群 — 林和、牟中原、李國偉、周成功

總編輯 — 吳佩穎
編輯顧問 — 林榮崧
責任編輯 — 畢馨云；吳育燐、林韋萱
封面設計 — 劉世凱；廖羿婷
版型設計 — 江儀玲

出版者 — 遠見天下文化出版股份有限公司
創辦人 — 高希均、王力行
遠見・天下文化 事業群董事長 — 高希均
事業群發行人／CEO — 王力行
天下文化社長 — 林天來
天下文化總經理 — 林芳燕
國際事務開發部兼版權中心總監 — 潘欣
法律顧問 — 理律法律事務所陳長文律師
著作權顧問 — 魏啟翔律師
社址 — 台北市 104 松江路 93 巷 1 號
讀者服務專線 —（02）2662-0012｜傳真 —（02）2662-0007；2662-0009
電子郵件信箱 — cwpc@cwgv.com.tw
直接郵撥帳號 — 1326703-6 號　遠見天下文化出版股份有限公司

電腦排版 — 立全電腦印前排版有限公司
製版廠 — 東豪印刷事業有限公司
印刷廠 — 柏皓彩色印刷有限公司
裝訂廠 — 台興印刷裝訂股份有限公司
登記證 — 局版台業字第 2517 號
總經銷 — 大和書報圖書股份有限公司｜電話 — (02)8990-2588
出版日期 — 2022 年 6 月 14 日第二版第 2 次印行

Copyright © 2007 by Mark Buchanan
First published in the United States by Bloomsbury USA
Complex Chinese Edition Copyright © 2007, 2021 by Commonwealth Publishing Co., Ltd.,
a division of Global Views - Commonwealth Publishing Group
Published by arrangement with The Garamond Agency, Inc.
through Bardon-Chinese Media Agency
ALL RIGHTS RESERVED

定價 — 新台幣 380 元
ISBN —978-986-525-293-9
書號 — BCS126A
天下文化官網 — bookzone.cwgv.com.tw

本書如有缺頁、破損、裝訂錯誤，請寄回本公司調換。
本書僅代表作者言論，不代表本社立場。

天下文化
BELIEVE IN READING